無理なく夢をかなえる

サブスクという すごい仕組み

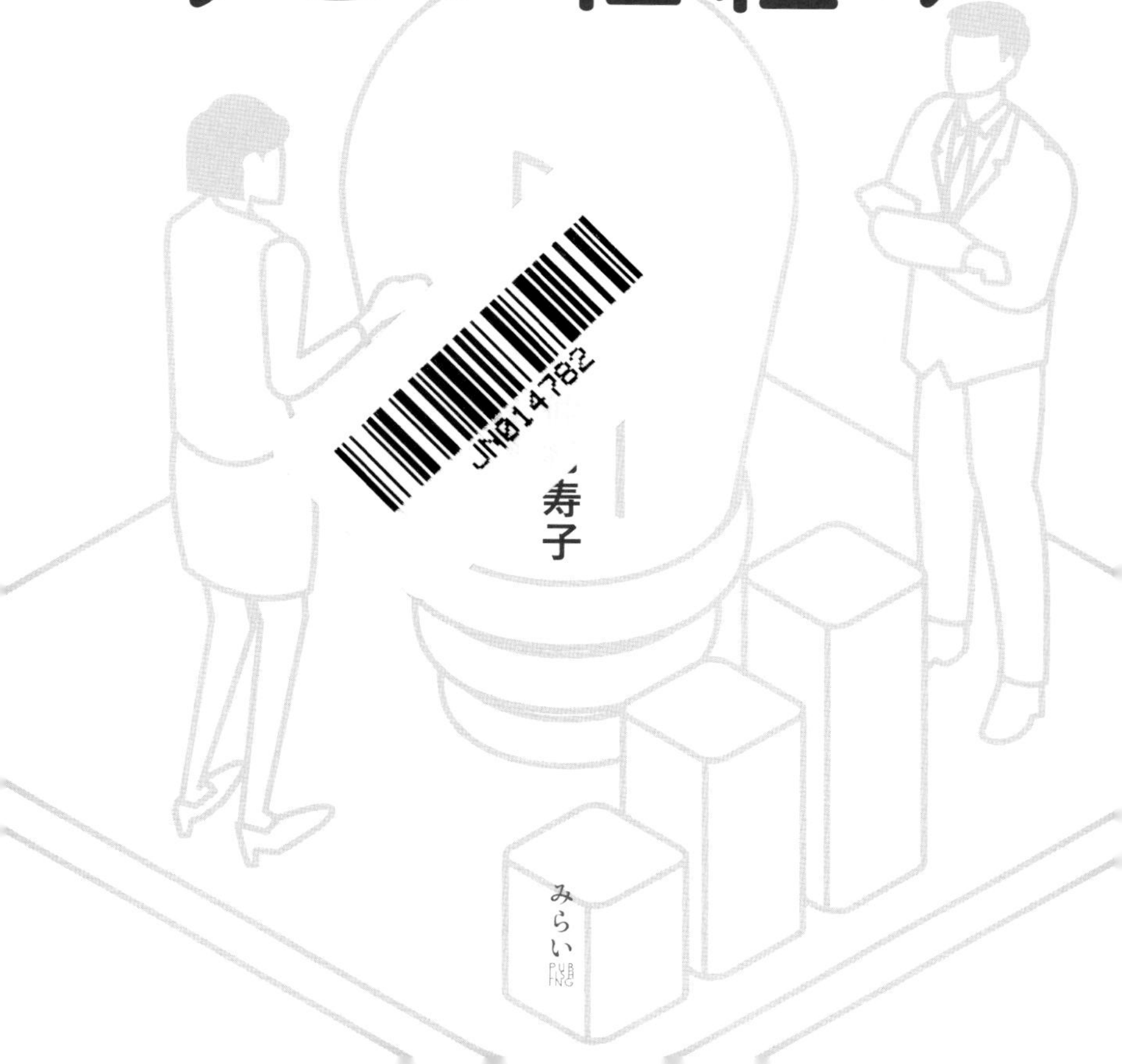

寿子

みらい
PUBLISHING

まえがき――顧客との価値創造をサブスクで共有する時代、あなたのビジネスに大きな変化が訪れる

「サブスクリプション」という言葉が、ビジネスのあらゆる場面で聞かれるようになりました。一般的には「サブスク」という略称でおなじみかもしれません。

日本語に訳すと「定額制」「定額課金」といった意味のサブスク。代表的な例でいえば、動画配信の「Netflix（ネットフリックス）」、音楽配信の「Spotify（スポティファイ）」、ワードやエクセルなどのオフィスアプリケーションを利用できる「Microsoft 365」など、私たちの生活にもすっかり定着しているサービスがいくつも頭に浮かんできます。

しかし、いま話題のサブスクは、大手企業が世界規模で展開するサービスだけではありません。小資本の個人が起業する際にも、サブスクの仕組みはたいへん有効なのです。むしろ、スモールビジネスにこそサブスクが本領を発揮するともいえます。

個人が行う小さなビジネスだからこそ、サブスクの仕組みを取り入れることで、顧客としっかり向き合いながら情報や価値を共有することができます。さらに、お金をいただきながらリサーチができ、ニーズに合った商品やサービスを自分なりに生み出していけるのです。

私は2007年、現在のビジネスパートナーであるファイナンシャルプランナーの青柳仁子さんと一緒に会社を立ち上げました。

ところが起業して間もない翌2008年秋、リーマン・ショックが世界を襲いました。私たちは証券仲介業や保険商品の販売を行っていましたので、世界金融危機の大波を真正面からかぶってしまったのです。

起業してすぐに極貧の日々をおくり、骨身にしみて痛感したことがあります。

「経済の波に左右されない、持続可能なビジネスをやらなければいけない」

私たちは、次にリーマン・ショックのような世界的な不況が来たとしても、持続できるビジネスとは何かを考えました。

金融や保険の「商品」を販売するのは、時代の変化に左右されてしまう。それならば、金融の「知識」そのものを伝え、どんな不況が来ても自分の人生を守る資産運用や投資のやり方を教えていくことが、世の中に価値を提供しながら、さらに、サービスを受けるお客様の人生も豊かにすることができる、持続可能なビジネスである――そのように考えたのです。

投資教育をビジネスの柱に据えようと決めてからも、やり方については試行錯誤の連続でした。

当初は、比較的参加費が高額な講座を開催していましたが、より多くの方に知識を提供するためにどうすればよいか、ということを考えました。

高いお金を払えるのはごく一部の人たちだけです。「それで本当に日本のためになるのか？」という疑問はぬぐえませんでした。

私たちは、世の中の女性たちにこそ、もっと資産運用や投資の知識を学んで、豊かな人生を歩んでほしいという思いがありました。女性がしっかりお金の知識を学び、資産運用していく力をつければ、その子どもたちも母親の姿からお金のリテラシー（活用能力）を身につけることができるからです。

「未来の子どもたちに豊かな日本を残す」

毎日の食費にも事欠く状態でありながら、私たちはそんな理念を掲げていたのです。

これから子どもを産み育てる、あるいはすでに子育て中の女性たちに、どうやってお金の知識を届けるか？　彼女たちはどのくらいの金額なら手が届くのか？

こうして考えていった結果、月額数千円で受講できる会員制の投資スクールを、サブスクモデルでスタートさせることにしたのです。青柳さんが講座の中身などのコンテンツを作成し、私がサブスクの仕組み構築や運営を行うという役割分担です。

２０１０年のスタート時、会員さんは30人ほどしかいませんでした。そこからＳＮＳを通じた口コミなどで少しずつ人の輪が広がっていき、会員数は2013年には200人、2014年には300人に達し、現在は日本のみならず世界10か国以上、累計2500名以上の方にご参加いただき、経営が安定軌道に乗っていったのです。

そして2016年には、私自身も「会員制ビジネスコンサルタント」として、ビジネスの土台になっているサブスクモデルそのものを教える講座を新たに開催するようになりました。

私の講座でサブスクモデルを学んだ生徒さんのなかには、月5万円の売上からスタートして、今では月商100万円を安定的に稼いでいる人が、何人も出ています。

サブスクモデルは、提供する側も受け取る側も、気負うことなく自由にそのメリットを享受でき、人生を豊かにすることができます。ひいては社会全体に価値を生み出す（生み出し続ける）ことができます。

私がこれまで培ったサブスクモデル運営のノウハウを皆さんと共有するためにまとめたのが本書です。

・これから自分のビジネスを立ち上げようとしている人

・自分の「生きがい」を仕事にして充実した人生を送りたい人
・自分なりのペースで無理せず継続的に安定収入を得たい人

このような方は、ぜひ本書を読んでみてください。

「こんなビジネスのやり方があったのか！」「これなら私にもできそう！」

と思っていただけるはずです。

そしてここまで読んでいただいた方は、きっと疑問に思うことでしょう。

なぜ、サブスクモデルは個人起業家に向いているのか？

なぜ、サブスクモデルは景気の波に左右されないのか？

なぜ、サブスクモデルは持続可能なビジネスモデルなのか？

こうした点を一つずつご説明しながら、誰でも実践可能なサブスクモデルの始め方を、本書でお伝えしていきます。


令和の時代、そしてＳＤＧｓというサスティナブル（持続可能）な社会への挑戦が行われている時代ならではの新たなビジネスの世界へ、私と一緒に飛び込んでみましょう！

目次

第2章　自然に始めて継続するから成長するサブスクモデル

第3章　始めようサブスクモデル

第4章　持続発展可能な思考の目標設定が成功を呼ぶ

第5章　パートナーシップが成否を左右する

第1章

これからは個人起業家が主役の時代、あなたに合ったやり方は？

時を経て真価を発揮するサブスクモデル

２０２０年以降のコロナ禍で私たちの生活様式は大きく変わりました。ビジネスの分野では、オンライン会議ソフトを用いたリモートワークが一気に普及したのはご存じの通りです。

私たちは２０１０年に会員制投資スクールを開講した当初から、Skype（スカイプ）などのソフトを用いたオンライン形式の講座も行っていました。

これは偶然ではなく、メインの顧客層である女性たちに「どうやって知識を伝えていくか？」を考えた結果だったのです。

最初、東京都心部でセミナー会場を借りて講座を行っていたのですが、

「地方在住なので行きたいけど行けません」

「小さい子どもがいるので長時間の授業が受けられません」

といった声が多数寄せられました。

そこで、子育て中の女性でも自宅から参加できるように、オンライン講座をメインにすることにしたのです。

すると、地方どころか海外からも受講者がアクセスしてくれるようになりました。その結果、これまで世界10カ国、累計で２５００人以上の方々に受講していただいております。

いま新しく入会して講座に参加された方に、「当スクールは13年前からオンラインセミナーなんですよ」というと大変に驚かれます。

私に未来を見通す超能力があったわけではありません（笑）。

いま来ていただいている受講者の方々の声をしっかり聞き、そのニーズをくみ取って改善をした結果、時代が後からついてきたという感覚です。

このように、お客様のニーズを受けてすぐ改善することができるのも、サブスクモデルならではの魅力です。

さて、私たちがサブスクモデルを柱に経営が安定しつつあった頃、周囲の起業家仲間からはこんなふうに見られていたようです。

「一人あたり数千円ずつ安いお金をチマチマと集めるなんてダサくない？」

たしかにその気持ちもわかります。

「このイベントの売上で●千万円！」「●億円規模のプロジェクトを立ち上げ！」などといった威勢のいい話が飛び交う起業家界隈において、私たちのように「月

1000円から〜」などというビジネスモデルは、地味で、儲かりそうに見えなかったのでしょう。

しかし多くの起業家は、立ち上げから4〜5年もすると息切れしてしまい、当初の勢いが見る影もないほどに疲弊していくのです。

「売上が安定しない」「今度のキャンペーンで1000人集客しないと赤字になる」といったように、常にプレッシャーにさらされてしまうからです。

令和に変わったころからでしょうか。周囲からよく聞かれるようになりました。

「仲村さんたちは、目立ったことをしている様子はないのに、なんでそんなにビジネスを拡大できるの？」

「サブスクモデルを取り入れれば、うちの会社の収益も安定するかな？」

このような質問を受ける機会が増えるにつれ、私は確信するようになりました。

「サブスクモデルは、時代にしっかりマッチした、持続可能なビジネスモデルだ。いよいよ個人起業家の方々にも広く知ってもらうときがきた」

私がサブスクモデルを教えている「会員制ビジネス構築講座」の受講生も年を経るごとに増え続け、現在まで500人以上の方々がサブスクの「極意」を学んでいきました。それぞれのフィールドで多種多様なビジネスを実践し、成功を収めた生徒さんの声を聞くた

びに、

「私が社会で果たすべき使命は、サブスクモデルを広めることにあったのだ」

と、自分の選んだ道が間違いなかったことを実感するのです。

「所有から共有へ」――価値観が変わる

サブスクリプション（サブスク）とは、「定額制」「定額課金」を指す言葉ですが、ここでその意味を私なりにもう少し詳しく掘り下げてみたいと思います。

サブスクの最大の特徴は、

『所有から共有へ』の価値観の変換」

にあります。

商品やサービスを購入して所有するのではなく、一定額を支払って利用できる権利を得られるのが、サブスクなのです。

自分の持ち物にはならない代わりに、そのサービスを頻繁に利用したいユーザーにとっては、安く何度でも利用できるというメリットがあるのです。

「所有から共有へ」とはどういうことなのか、具体例を挙げて考えてみましょう。

音楽配信の「Spotify（スポティファイ）」の標準的なプランでは、月額９８０円で７０００万曲以上の楽曲が聴き放題となります。１０００円や２０００円出して音楽ＣＤを購入することと比較すれば、聴ける楽曲数は桁違いですから、サブスクの「Spotify」のほうが断然おトクですよね。

また「ＫＩＮＴＯ（キント）」は、もっとも安いプランの料金で月額１万４７４０円を支払えば、新車でおそよ１５７万円する「ルーミー」に好きなだけ乗ることができるのです。この月額と同程度の金額を毎月ローンで支払って「ルーミー」を購入しようとしたら、金利などを度外視しても8年以上かかる計算となります。さらに自動車を所有するとなれば、保険や税金なども当然、自分で負担することになります。ならば「ＫＩＮＴＯ」のサブスクサービスのほうがよっぽど安く、カーライフを楽しむことができるといえるでしょう。

とはいえ、「Spotify」や「ＫＩＮＴＯ」などのサブスクサービスに払っている月額料金は、あくまでも「利用料」であることに注意しなければいけません。

サブスクは、一般的に退会して辞めてしまえば、サービスを利用することはできなくなります。

「今まで合計●万円払ってきたのだから、その分だけでも手元に置いておきたい」

と思っても、それはできないのです。サブスクはあくまでもサービスを「利用できる権利」なのです。

また、よく混同される人がいるのですが、「毎月の定額料金を払っているからサブスク」というわけではありません。

例えば、デアゴスティーニ・ジャパンが販売している「分冊百科」のシリーズがあります。皆さんもＣＭなどで目にしたことがあるかもしれません。「週刊世界の●●コレクション」「隔週刊▲▲を作る」といったシリーズを購入すると、週刊や隔週刊で冊子が送付されてきて、最後まで集めるとその分野の体系的な知識が得られる、あるいは毎号付録されるパーツを集めると最終的に模型が完成する、といった商品構成になっています。

デアゴスティーニ・ジャパンのような販売形式はサブスクではなく「定期購読」であり、全50巻シリーズの20巻が届いたところで購読をやめたとしても、それまで送られてきた20巻分は手元に残るのです。

ただし、定額料金はあくまでも対象商品の購入金額であり、新たな商品が出たらその都度、購読申し込みをする必要があります。月額料金を払っているからといってサービスを「使い放題」になるわけではありません。これらの点が、サブスクとは異なるわけです。

繰り返しになりますが、サブスクの本質は、「所有から共有へ」という点にあるのです。

この「所有から共有へ」という価値観の転換は、多様性を求める時代の変化ともリンクしています。

昔のように収入が右肩上がりで伸びるという保証がない一方で、個人の趣味趣向は多様化・細分化しています。

「このブランドを身に着けている人が一番カッコいい」ということではなく、それぞれ自分がカッコいいと思うブランドを身に着ければいいし、その選択に個性が表れる時代です。

しかし消費者からしても、目にする多様な商品のすべてを所有できるほどお金がある人はごくわずかです。

そこでサブスクを使えば、いろいろな商品をつまみ食いのように次々と試してみることができます。自分が「いいな」と思うものがたくさんあったとしても、それを毎月わずかな定額を支払うだけで体験できるのです。

多様性の社会になってきたことと、「所有から共有へ」の変化によるサブスクモデルの増加は、密接な関係があるのです。

そして、サブスクはサービスを提供する企業側にもメリットがあります。

サブスクのもう一つの特徴は、「定額料金を払っている限りそのサービスを利用し続けられる」ということです。多くのユーザーは、ひとたび利用し始めたサブスクサービスは、不満がない限りは長期間にわたって継続して利用します。

ほとんどの場合、定額料金の支払いは銀行口座やクレジットカードからの自動引き落としでしょうから、ユーザーにとっては利用しているサブスクサービスは、特に意識せずとも自分のそばにある存在になっていき、生活の一部となるのです。

自社サービスに対するユーザーのロイヤリティー（忠実度）を高めたいというのはあらゆる企業にとって重要な課題です。サブスクにより定額で継続的に利用してもらうことで、自社サービスに対するユーザーのロイヤリティーは自然と高まっていきます。新たな商品を出すたびに、毎回のようにユーザーに購入を働きかけることに比べて、少ない労力で自社サービスへのロイヤリティーを高め続けることができるのです。

つまりサブスクは、利用するユーザーと提供する企業の双方にメリットがあるのです。ユーザーと企業が「Win-Win」の関係を構築できる点も、サブスクの特徴といえるでしょう。

サブスクの特徴をまとめると次のようになります。

・商品やサービスを一括購入で所有するのではなく、一定期間利用できる権利だけを定額制で安価に得られる
・「所有から共有へ」の価値観の変換
・自分の持ち物にはならない
・サービスを頻繁に利用したい人にとって「安く」「何度でも」利用できる
・ロイヤリティーを高めて継続的に利用してもらいたい企業にとっても望ましいサービスで、ユーザーと企業との間に「Win-Win」の関係を構築できる

以上のような点が挙げられます。

しかし、「サブスクは絶対こうでなければならない」「この条件を満たさなければサブスクとは呼べない」などと、堅苦しく考える必要はありません。

「所有から共有へ」という価値観の転換がいま世界中で起きており、だからこそサブスクモデルのビジネスが興隆している――という大きな流れを理解してもらえれば、まずは大丈夫です！

人の数だけ成功がある

ユーザーにも企業にもメリットがあるサブスクモデルは、いま私たちの生活のあらゆるところに浸透しています。サブスクを活用してビジネスをしようとする個人起業家にとっても、チャンスに満ちている時代がきているのです。

個人起業家がサブスクを行うメリットは、「定額料金のため毎月安定した収入が得られる」「終わりがなく継続していける」などの点があります。

個人が小資本でもできるサブスクモデルにはどんな形態があるか、大まかに分類してみましょう。

①コミュニティ型：講師がセミナー形式で何らかの知識やノウハウを教える形式です。継続的に開催していると、教室に集ってくる生徒たちの間で交流が生まれコミュニティができてくるのです。昔からある英会話教室や書道教室などもその一形態といえますが、最近はオンラインによる開催が一般的です。

②コンテンツ配信型：講師が動画やテキストなどで会員向けに有料の情報を配信する形式。あるいは、音楽などエンタメ系のコンテンツの配信も盛んです。YouTube の動画配信、あるいはメールマガジンや note などで、コンテンツを有料で配信するのです。コンテンツの一定範囲を無料で公開し、「ここから先は会員限定です」などとして有料会員とそれ以外のユーザーを区別する手法もよく使われています。

③施設利用型：ジムを利用して筋トレのパーソナルトレーナーをやったり、スタジオを借りて楽器や歌のレッスンをするなど、専用の施設や店舗を利用して月額でサービスを提供する形です。

④配送型：毎月、決まった日に商品が届けられる、いわゆる定期配送のサービスです。食料品などが一般的でしたが、最近では室内で飾るお花の定期便（ブルーミー Bloomee）や、コーヒーの定期便、ビールの定期便（KIRIN Home Tap）など、様々な商品を配送するサブスクが生まれてきています。

⑤モノ共有型：単体で購入すると高額になる商品を、共有することによって安く利用で

きるようにしたサービスです。先に例として挙げた、トヨタグループの「ＫＩＮＴＯ」などに代表される自動車のサブスクサービスや、プロがコーディネートした服が届けられる「エアークローゼット」などのサブスクサービスも人気です。

このように主な形態だけを挙げてみただけでも、「世の中ってサブスクだらけだな」という感想を持たれたのではないかと思います。

サブスクモデルのビジネスは、小資本の個人起業家にとっても参入する際のハードルが低く、正しいやり方で実践すれば継続的に安定収入を得ることができます。

多種多様なサブスクモデルが生まれている現代だからこそ、起業家が10人いれば10通り、１００人いれば１００通りのやり方があります。まさに「人の数だけ成功がある」といえるでしょう。

「人の数だけ成功がある」ということは、誰もが自分のやりたいことや好きなことを形にして、なおかつ自分なりのペースで継続的に収入を得るチャンスがあるということです。

かつて私がアドバイスをしたなかに、「エアブラシアート」で起業したいという受講生のＡさんという方がいらっしゃいました。

エアブラシとは、圧縮空気によって霧状にした塗料を吹き付ける着色器具です。そのエアブラシのみを用いて絵を描くエアブラシアートは、手では描き分けるのが難しい細かい濃淡も表現できるため、最近、人気が高まっている分野です。

Aさんは、それまでもエアブラシアートの教室を開催していたのですが、授業1回ごとに参加者からお金を集めるやり方をしていました。Aさんは、ご自身のエアブラシアート教室にサブスクモデルを取り入れて、継続的に安定した運営をしていきたいと考え、私のところに来られたのです。

私が、これから教室の規模を大きくしていきたいのかどうかを聞いたところ、

「対面でやっていくのは体力的にも厳しくなってきたのでオンラインを活用して、自分が見てあげられる範囲の人にきちんと教えていきたい」

と、Aさんは答えました。

エアブラシアートの人気は高まっているので、Aさんさえその気になれば、もっともっと生徒数を増やすこともできるはずです。なぜそのように思ったのかを重ねて尋ねた時の、Aさんの言葉が印象的でした。

「私は、規模は小さくてもいいからエアブラシアートが好きな人たちとしっかりとつながりながら、自分たちの世界観をつくっていきたいのです」

普通の起業家ならば、たくさんの生徒数が見込めるなら「今がチャンス！」とばかりに

規模を拡大しようとするはずでしょう。しかしＡさんにとっての成功は生徒数を増やすことではなく、たとえ少なくても世界観を共有できる人たちとつながり合うことにあったのです。

より多くの売上を得ることが成功だという人もいれば、人とのつながりに成功を求める人もいる。起業家一人ひとりの思いを反映し、それぞれが目指す成功の形に合わせた仕組みを構築できるのが、サブスクモデルの特徴でもあります。

「人の数だけ成功がある」という言葉は、言い換えれば「〝思い〟の数だけ成功がある」ということなのです。

型にハマるからジリ貧になる

サブスクモデルで起業するにあたって「こうしなければならない」という、決まった「型」は存在しません。成功に至る道のりも、人の数だけ存在するのです。

個人起業家ができるサブスクの例として、皆さんが利用している音楽配信サービスや、YouTubeの有料動画配信などの話をすると、このような反応が返ってくることがあります。

「自分は世の中に発信するようなコンテンツを持っていないからサブスクはできない」

「芸能人のように知名度がないからサブスクなんて無理です」

最初はこのようにネガティブな考えを持ってしまうのも無理はありません。

ですが、サブスクモデルに「こうでなければいけない」という型は存在しないのです。型にハマろうとするから、「できない」と思い込んでしまいます。

この型を外して、自分がやりたいことを、できる範囲から始めていきましょう。

「こんなサービスがあったらいいのにな……」

「なんでこういう商品がないんだろう？」

と、あなた1人が思ったとします。すると、日本中で100人、いや1000人という規模で、同じように思っている人がいるはずなのです。インターネットを介せば、物理的な距離は何の妨げにもなりません。すっかり一般的になったオンライン会議システムを使えば、あなた1人でたくさんのお客様の相手をすることもできます。

後は、あなたと同じニーズや問題意識を持っている潜在顧客の人たちに、適切な方法でアプローチしていけばいいのです。あなたの思いに賛同し共感してくれる人は必ず見つかるでしょう。

あなたの思いを具体的な商品やサービスの形にしていく手法は、本書の第3章できちんとご説明しますので、ご安心ください！

「型にハマらない」という話題に関連してよくある質問が、

「人とコミュニケーションをとったり、組織の中心でリーダーシップをとったりするのが苦手なのですが、そんな私でもサブスクを使ったビジネスができるのでしょうか？」

というものです。

私はむしろ、コミュニケーションやリーダーシップをとるのが苦手な人こそ、サブスクモデルで起業すべきだと考えています。

そもそも、起業するからといってコミュニケーションやリーダーシップの能力が必要だというのが間違った思い込みであり、型にハマった思考なのです。

サブスクモデルは、自分ができることに応じて仕組みをつくることができます。

人とコミュニケーションをとるのが苦手な人であれば、例えば、情報を文章にまとめて有料メルマガを配信することで、立派なサブスクモデルのビジネスが成り立ちます。あるいは、YouTube で映像を配信するとしても、実際にはカメラに向かって話した映像を配信しているだけで、視聴者と直接会話をしているわけではありません。

表立って顔を出して情報発信するのは得意な人に任せて、自分はサブスクの仕組みやコンテンツの中身を考える作業に専念する、という役割分担をしてもいいでしょう。

極端な言い方をすれば、コミュニケーションやリーダーシップの能力がある人たちは、企業に勤めて営業などの仕事をしても、人並み以上の成果を得ることも難しくありません。むしろ、共感力が強すぎて人間関係に疲れてしまうなど、「自分は企業勤めに向いていないのではないか？」と思っていた人が、私の講座を受けてサブスクモデルで起業し、生き生きと自分らしく働いているケースはたくさんあります。

無理して自分に合わないことをやろうとしても、持続可能なビジネスではなくなってしまいます。型にハマろうとするのではなく、自分にできることをサブスクモデルに落とし込んでいけばいいだけですから、まずは気楽に取り組んでいきましょう。

あなたにハマらないマーケティングを追っていない？

せっかくサブスクモデルと出会って起業したにもかかわらず、残念ながら志半ばで挫折してしまう人もいます。

挫折する人に共通するのは、自分がやりたいことや得意なことではなく、「これをやれば成功する」といった型に合わせようとするあまり、自分にハマらないマーケティングに翻弄されてしまっていることです。

せっかく新しい商品やサービスを世の中に出そうとして起業したのですから、一番大切にすべきは、

「これを伝えたい！」「誰かを助けたい！」「世の中に貢献したい！」

という自分の思いなのです。

マーケティングを簡単に定義すると「売れる仕組みを考えること」といえるでしょう。モノがなかなか売れない現代において、マーケティングの知識はビジネスには必須なのも確かです。しかし、それはある程度の大きな規模でビジネスを行う企業と個人起業家とでは考え方も違ってくるのです。

例えば、自分の子どもに読ませたいと思って絵本を描いた人がいたとしましょう。その人にとっての「成功」は、採算度外視でもその絵本を完成させて、たった一人の自分の大切な子どもに読んでもらって何かを感じてもらうことです。それができれば満足なのです。

絵本を読んで自分の子どもが喜んでくれて「お隣の●●ちゃんにも読ませてあげたい」とせがまれたなら、「じゃあ追加でもう何冊か作って、お友達にも配ろうか」となるでしょ

う。そして、読んでほしい人たちに1冊ずつ手渡ししていく。

「読んでみて『いいな』と思ったら、誰かにお話してくれたらうれしいです」

こんな一言をかけながら周りの人たちに手渡ししていったら、口コミでさらに評判が広がっていく、なんてこともあるかもしれません。

こうしたやり方をしている限り、ウェブによる集客も、オンラインセミナーの会員数増加も、マーケティング戦略も、まったく必要ないわけです。絵本を作った思いはあくまでも「自分の子どもに読んでほしい」だったのですから、すでにその人は成功しているのです。

大手企業に比べて個人起業家が有利なのは、自分なりの成功を求めればいいという点にあります。だからこそ、自分に正直に、無理をせずに、楽しく続けられるやり方でやればいいだけなのです。

失敗する人は、個人起業家なのにもかかわらず、大手企業のようにマーケティングを追求してみたり、流行りのトレンドだからと自分に合わないやり方を取り入れてみたり、身の丈に合わない売上の数字を目標にしたりしてしまうのです。

自分にハマらないやり方を続けているとどうなるか?

「なんで私はこんなことをやろうとしたのだろう……」

「ここまで苦しい思いをするのだったら、世の中に出すのをやめればよかった……」

このように、もともとは自分が大好きでやりたいことを始めたはずなのに、いつしかそれが嫌いになってしまいます。ビジネスが楽しくなくなり、疲れてしまい、続けられなくなってしまうのです。

個人起業家にとって何よりも大切なのは、周囲に振り回されることなく、自分に合ったやり方、自分の価値観を通してビジネスを続けていくことだと覚えておいてください。

「自分に合ったやり方をどうやったら見つけられますか？」

という質問もよくお受けします。

自分に合ったやり方を見つけるためのワークは第3章で具体的に説明しますので、ここではシンプルな原則だけをお伝えしておきましょう。

それは、

「ワクワク、ドキドキすることに向かって進んでください！」

ということです。シンプルすぎるでしょうか（笑）。

しかし、個人起業家がビジネスを継続するうえで、もっとも大切なポイントがここにあります。

朝、目覚めた時に自分のビジネスのことを思い浮かべて、どんな気持ちになるのか。

「今日はこれをやってみよう！」

というように、前向きなチャレンジの意欲が湧いてくるかどうかが、とても大切です。そのチャレンジの源になるのは、心地よいワクワクとドキドキの感情なのです。

逆に、常に不安がつきまとっていたり、あるいは他人からの評価で一喜一憂する状態が続くようでしたら、どこかで自分に無理をしている証拠です。一度立ち止まって、ビジネスの「在り方」を見つめ直してみるタイミングかもしれません。

「最初はワクワクしていたのに、最近は辛くなってきて……」

という人もいらっしゃいます。

その場合は、

「なぜあの頃はワクワクできていたのか？」

「そもそも、自分はなぜこのビジネスをやろうと思ったのだろう？」

と、自らの原点に立ち返ってみることが必要です。

自分の商品やサービスが世の中に出ていき、その商品やサービスに触れて笑顔になる人が増える……。こうした希望あふれる未来をイメージするからこそ、自分のビジネスにワクワク、ドキドキできていたはずです。

ワクワク、ドキドキする感情があれば、何かネガティブな反応を受けたとしても、「これはただの感想なのだから気にしない」と受け流すことができるようになるのです。

自分のなかに、心地よいワクワクとドキドキがあるかどうか？

それを常に問いかけてみてください。

煽るのではなく「寄り添う」――ビジネスの在り方は変わった

いま、ビジネスの在り方が大きく変わり、「煽るビジネス」ではなく、「寄り添うビジネス」に消費者の支持が集まる時代になりつつあります。

世の中の商品やサービスの多くは、恐怖心を煽って買わせようとするアプローチです。

「いま資産運用しないと老後の資金が足りなくなりますよ！」

「このサプリメントをとらないと病気になりますよ！」

「先着１００名限定です。やらなかったら大変なことになりますよ！」

こんな煽り文句を並べ立てて、商品やサービスを購入させようとするのです。

しかし、インターネットやＳＮＳの普及により、消費者の意識は大きく変わりました。

商品やサービスについての情報は、実際に購入した人からの口コミという形で、ネット上で共有されます。いい情報も悪い情報も、あっという間に広まるのです。

消費者の恐怖心を煽って商品を売ったとしても、その後に満足してもらえなければ、ネット上で酷評され、ネガティブな評価は企業にずっとついて回るわけです。

さらにいえば、消費者自身も物質的にほぼ満たされていますので、欲しいと思う商品がなかなかありません。だからこそモノが売れない時代になってきているわけです。

物質的欲求から、精神的欲求へ――。

これが消費者意識の根底にある変化です。

そのため、お客様に商品やサービスを購入してもらうにしても、購入する瞬間という「点」だけを見ればいいのではありません。購入を検討する段階から、購入した後にどのような生活の変化が生じたのかのアフターフォローまで、一本の「線」のようにそのプロセス全体に寄り添う姿勢が必要なのです。

私がサブスクモデルで運営している投資スクールでも、お客様に寄り添って、何にお悩みなのかを聞いていくところからスタートします。

「お金について何か悩みごとはありませんか？」

「そのお悩みですが、例えば次の3つのうちでは、どれにあてはまりますか？」

「将来に不安があるとのことですが、どのような点に不安を感じるのですか？」

このようにコミュニケーションを重ねるなかで、お客様が何に悩み、私たちは何を解決できるのかを考え、共通点を探っていくのです。

私たちの投資スクールのメインの客層である30代女性では、こんな悩みを抱えている人が多いことがわかってきます。

「今の仕事を続けたままで将来が大丈夫なのか不安がある」

「投資には興味があるけど、何から始めていいのかわからない」

「投資に踏み出せない理由は、お金をたくさんとられるのではないかという不安があるからだ」

そこまでお客様の悩みが具体的にわかってくると、

「うちはサブスクモデルでやっていますので、毎月ご無理のない金額で始められますよ」

というご提案ができるわけです。

お客様に寄り添ったうえでの提案ですから、

「この人は私に合ったやり方を一緒に考えてくれた」

と、納得のうえで購入してもらえますから、満足度も高くなります。

サブスクモデルは、一度購入したら終わりではありません。お客様は毎月定額を支払い、私たちはそれに応じて投資に関するコンテンツを提供する。購入後もずっとお客様との関係は続いていくのです。

コミュニケーションを重ねていくうちに信頼関係はどんどん強固になっていきますし、信頼されればお客様に必要な商品は売り込まなくても自然に売れていくようになります。

個人起業家が無理をしてはいけないように、お客様にも無理をさせてはいけません。「煽るビジネス」はお客様に無理をさせて買わせる手法ですから、長期的にはどこかで無理が生じますし、悪いうわさがネットで広まってしまいます。お客様に寄り添い、無理せずに始めてもらうからこそ、長く続けていけるのです。

さて、「煽るのはよくない」という話をしてきましたが、自分の商品やサービスを提案することが悪いわけではありません。

自分の商品やサービスがお客様を笑顔にすると信じるからこそ、それを世の中に出しているわけです。ですから、お客様の悩みがどこにあるかを丁寧にヒアリングしたうえで、その解決の助けになると思うなら、誠心誠意その人に合った提案をすべきなのです。

コロナ禍で人々が求める「スピリチュアル」なつながり

コロナ禍で「ソーシャルディスタンス（社会的距離）」の確保が求められるようになり、物理的に人と会う機会が減りました。われわれの社会が初めて直面する事態を経験し、「物質的欲求から精神的欲求へ」という流れはさらに加速したように感じられます。

人と物理的に会えないからこそ、人と精神的につながっていたい――。

そんな欲求が高まっていることは、オンラインセミナーを開催するなかでの参加者の反応などから、ひしひしと伝わってくるのです。

そんな時代に、どうやって商品やサービスを売っていけばいいのかといえば、お客様をモノによって満たそうとするのではなく、「心を満たしていく」というアプローチが必要になってきます。お客様の心を満たした結果として、商品やサービスが売れていくのです。

ですから従来のように、

「私たちはこんなに素晴らしい商品を作りましたよ。だからこちらへいらっしゃい！」

と大声で呼びかけても、消費者は反応しません。多くの人たちにとって、物質的欲求はすでに満たされているからです。

商品やサービスを売るにしても、

「何にお悩みですか？」

「こちらのサービスとあちらのサービス、あなたに合っているのはどちらでしょう？」

と、お客様に寄り添い、伴走しながら、一緒に作り上げていくというビジネスモデルが必要になってきます。


精神的欲求を満たすビジネスを考えるうえで、サブスクモデルはとても有効です。

「コミュニティ型」のサブスクモデルでは、継続していくうちに、講師と参加者のつながりはもちろんのこと、参加者同士のつながりも生まれていきます。同じ目的を持ったコミュニティに所属しているという安心感が、精神的な面でのつながりも強くするのでしょう。


サブスクモデルが持つ可能性は、単に個人起業家が安定収入を得る手段というだけにはとどまりません。コロナ禍で人々が求める、精神的＝スピリチュアルな安心感とつながりを与えるための「居場所」を提供するという価値もあるのです。

スピリチュアルなつながりといっても、一昔前のように不安を煽って何かに依存させようとする手法が通用する時代ではありません。多様な情報があふれる現代だからこそ、自分の軸をしっかり持ったうえで、未来への希望を共有するコミュニティとつながりたい。それも、毎回リアルに集まるとなると束縛が厳しく感じるかもしれませんが、オンラインをベースにしたコミュニティであれば、自分のペースで無理せずゆるやかに人とのつながりを保つことができるのです。

コロナ禍を経験した社会だからこそ、特にコミュニティ型のサブスクモデルは今後さらに大きく成長していくと考えてよいでしょう。

「個の時代」だからこそプロセスエコノミーが伸びる

サブスクを教えるセミナーでよく話すことなのですが、私は亀田製菓のお菓子が大好きです。

亀田製菓といえば、「亀田の柿の種」「ハッピーターン」「ソフトサラダ」などのロングセラーで有名ですね。私も小さい頃からよく食べてきて、今でも気がついたら買ってしまっているお菓子のラインナップです。おそらく、私のような亀田製菓のファンはかなりの数いるのではないでしょうか。

ある会社の商品やサービスに対して、一人のお客が生涯で使う金額のことを「ＬＴＶ（ライフタイムバリュー）」と呼びます。私の亀田製菓に対するＬＴＶを正確に測定したことはありませんが、かなり高額になっていることは間違いありません（笑）。

さて、亀田製菓がロングセラー商品を出し続けられる理由として私が注目していることに、商品開発のプロセスにお客様を巻き込んで「ファン化」させるという点があります。

一つのお菓子を開発し販売して終わりではなく、

「食べてみたらこう思った」「もっとこうしたほうがいい」

などといったお客様の声を吸い上げ、商品の改良や新商品の開発にフィードバックし続けているのです。それが、亀田製菓の独自の味、その会社にしか出せないオリジナルな魅力となって、さらにファンを惹きつける材料となります。

数年前にも、オンラインで「亀田の柿の種」の未来についてファンが徹底討論するイベント「亀田の柿の種オンラインサミット」を開催し、話題になりました。

商品開発のプロセスから参加したお客様にとっては、亀田製菓の新商品が出れば他人事ではなくなります。まさに自分のこととして受け止め、当然のように買ってくれる「ファン」になるわけです。

似たような事例でいえば、アイドルグループ「NiziU」を生み出した「Nizi Project」があります。アイドルグループ結成の前段階であるオーディションの過程から番組で公開し、視聴者とそのプロセスを共有しました。その結果、プレデビュー曲であった「Make you happy」が大ヒットし、社会現象になったわけです。

こうしたファンビジネスの原点は、宝塚歌劇団にあるのかもしれません。正式デビュー前の生徒の時代から、自分の「推し」を見つけて、その人を応援しながら育てていく。「推し」が成長してトップスターになっていくプロセスを一緒に歩んでいくという体験に、ファンはお金を払うのです。

生徒からスターになるまでの長い間、応援し続けるのはなかなか大変なことです。しかし宝塚歌劇団のファンは同じ目的を持つコミュニティがありますので、ファン同士がコミュニティ内で情報交換したり、ときには励まし合ったりしながら、そのプロセスを一緒に楽しんでいくのです。まさにファンビジネスの極致といえるかもしれません。

このように、プロセスを共有するところが実はお金を稼ぐポイントになっている仕組みを「プロセスエコノミー」と呼びます。従来のビジネスで常識だった、完成品を売るという「アウトプットエコノミー」とは対極にある考え方になります。

プロセスエコノミーの世界では、みんなが参加して一緒に作り上げていくプロセスを一緒に楽しむことが中心になります。商品という「モノ」を買うのではなく、体験という「コト」を買う。プロセスエコノミーの本質は「コト消費」にあるのです。

プロセスエコノミーが伸びている背景には、「個」が尊重される時代になったこともあります。現代は、個人が自分の趣味趣向を表に出すことが肯定され評価されるようになりました。一昔前でしたら、アイドルを応援しようと思っても、「アイドルおたく」と呼ばれるのが嫌で、自分の好きなことをオープンにできなかった人もいたことでしょう。「おひとりさま」という言葉が定着した時代です。一人旅や一人飯を楽しむ方々も増えてきました。みんなと一緒にいることや、周囲と合わせることが幸せなのではなく、自分の時間を大切にし、個人として楽しむことが幸せなのだと多くの人が気づいています。

スマートフォンやSNSの普及も、プロセスエコノミーの興隆を後押ししています。誰かを応援したり、何かのプロセスに参加したりすることが、オンラインで気軽にできるようになりました。その場所に行けなくても、オンラインでイベントに参加できる。SNSで感想をつぶやくだけで、同好の士とつながってファンのコミュニティに仲間入りすることもできる。スマホ決済を片手で操作するだけで、応援する対象にお金を払うことも簡単にできるのです。

ネット時代の到来によって心理的・物理的なハードルが一気に下がり、プロセスエコノミーへの参加を容易にしているのです。

このプロセスエコノミーとサブスクモデルは、きわめて相性がよいのです。
サブスクモデルは、お客様から毎月の定額をいただきながら継続的にビジネスを行っていきます。そのため、購入時一回限りの関係のお客様と比べて、関係は深くなりますので、商品やサービスに対するニーズもくみ取りやすくなるのです。

お客様も毎月お金を払っていくわけですから、自分の意見が反映されたほうがうれしいのはもちろんのこと、意見に対するフィードバックがあれば会社との距離は一気に縮まり、もはや他人事ではなくなります。そのサブスクモデルの発展を自分のこととして喜ぶ「ファン」になってくれるのです。改善や発展のプロセスを共有することで、お客様にも自己成長の体験をしていただけるでしょう。

お客様のニーズを吸い上げるのも、かつては一人ひとり尋ね歩かなければなりませんでしたが、いまはＳＮＳを使って容易に行えます。コミュニケーションの頻度も高めることができるのです。

ロングランビジネスをいかに構築するかが、あらゆるビジネスにおいて成功のカギとなります。コミュニティ型のサブスクモデルは、決して高額の商品やサービスを販売しなくても、毎月定額で長期間参加してくれるお客様を増やすことにより、個人起業家でもロングランビジネスの構築が可能です。

あなたのビジネスに対するお客様のＬＴＶを高めるには、長期にわたって無理なく参加し続けてくれる、サブスクモデルこそが最適な道といえるでしょう。

第2章

自然に始めて
継続するから成長するサブスクモデル

小さく始めて大きく育てる

「ＳＤＧｓ（Sustainable Development Goals／持続可能な開発目標）」という言葉は、社会にすっかり定着した感があります。

２０１５年9月の国連総会で採択された「持続可能な開発のための２０３０アジェンダ」に記載された、２０３０年までに国際社会が取り組むべき17の開発目標がＳＤＧｓなのです。

この開発目標の８番目は、次のような項目となっています。

「働きがいも経済成長も（Decent Work and Economic Growth）
——包摂的かつ持続可能な経済成長及びすべての人々の完全かつ生産的な雇用と働きがいのある人間らしい雇用を促進する」（２０２３年現在）

ＳＤＧｓに記されたこの言葉を見た時、私はハッとひらめきました。

「これはまさに、私たちが実践しているサブスクモデルが目指す方向と一緒だ！」

そうです。サブスクの本質は、持続可能なビジネスモデルというところにあります。

そしてＳＤＧｓが掲げる17の開発目標には他にも、サブスクモデルが目指す方向と合致するものがいくつもあります。

「貧困をなくそう（No Poverty）」
「質の高い教育をみんなに（Quality Education）」
「ジェンダー平等を実現しよう（Gender Equality）」
「パートナーシップで目標を達成しよう（Partnerships for the Goals）」

私たち個人起業家がスモールビジネスを実践するうえでも、国際社会の大きなトレンドを無視することはできません。トレンドに「順張り」して同じ方向へ進めば、ビジネスをさらに加速していけるのです。

さて、持続可能なサブスクモデルを構築するうえでもっとも大切なのは、

「小さく始めて大きく育てる」

ということです。

「やるぞ！」という気持ちがみなぎっている起業時に、華々しくスタートを切りたい、あるいは短期間で大きく稼ぎたいという気持ちはよくわかります。

しかし、起業したての初心者のうちに、身の丈を越えた規模でビジネスを動かそうとすると、失敗して大きなダメージを受ける危険性があります。

最初は小さくてもいいので、等身大で自分の手に負える範囲から始めて、少しずつ大きくしていくのが、持続可能なサブスクモデルをつくるうえでの基本となります。

コミュニティ型のサブスクであれば、最初に入ってきてくれるメンバーは数名でもいいのです。

「せっかくサブスクモデルを始めたのに、たった5人しか集まらなかった」などと落胆する必要はまったくありません。「5人しか集まらなかった」ではなく、「5人も集まってくれた」と喜びましょう！

そして、最初に入ってきてくれた人をコアメンバーといいますが、このコアメンバーの声を丁寧に聞きながら、どうやって自分のサブスクモデルを持続させていくかを一緒に考えていくのです。

考えた結果を形にしてフィードバックする。それに対するお客様の声をまたじっくり聞く。メンバーが喜んでいるようなら、その方向でさらに進んでみましょう。反応がイマイチだったなら、「どこがダメだったと思いますか？」「次はこんなふうにしてみようと思うけどどうですか？」と、忍耐強く参加者の声に耳を傾けるのです。

雪だるまで大きな雪玉を作る時のことをイメージしてみてください。最初は小さな雪の玉を作り、両手でギュッと押して固めます。これが中心になるコアメンバーだと考えてください。小さな雪玉を雪の上で転がしていくうちに、周囲に雪がくっついて、だんだんと大きくなっていきますね。これが後から口コミなどの評判を聞きつけて入ってきてくれたフォロワーさんだとお考えください。ある程度の大きさになったらまた両手でギュッと押し固める。そしてまた転がして大きくする……。その繰り返しで、大きくても崩れない雪玉ができるのです。

サブスクモデルは、お客様の声を拾い上げながらブラッシュアップするのが一般的です。その柔軟性が利点でもあるのです。最初は試行錯誤を繰り返すのが当たり前ですから、自分のコントロールが効く範囲で無理をせずに小さく始めて、そこから地道に大きく育てていくことが、結果的には持続可能なサブスクモデルを生む近道になるのです。

ビジネスも人生も、無理をしないことが、長寿の秘訣です。そして、途中でやめずにやり続けていけば、必ず成功に至るのです。

高齢になっても無理なく続けられる

サブスクは持続可能なビジネスモデルですので、上手に育てていけば、自分が高齢になっても継続的に安定した収入を得ることができます。

私のスクールに通ってサブスクで起業された、Bさんという方がいらっしゃいます。大学教授として教鞭を執った経験もあるBさんは、80歳のときに私のスクールに入られました。その年齢から新しいことを学び始めようとする向学心に敬服します。

Bさんはその後、スクールで学んだことを活かしてサブスクモデルで起業します。企業勤めを定年退職した人たちが参加して、これまで会社員として蓄積したスキルやノウハウを次の世代にどう伝えていくかを勉強し合うコミュニティ型のサブスクです。

Bさんの専門である機械工学の話題なども展開される、議論の中身が濃いコミュニティとなっています。

また、別の生徒のCさんは、60歳のときサブスクモデルで起業されました。

Cさんもコミュニティ型のサブスクを立ち上げたのですが、そのテーマは「終活」です。自分の人生の終末を迎えるための準備である「終活」について情報交換をするコミュニティで、身体が元気に動くうちにやっておくべき事前整理や遺品整理についてなど、高齢化社会の到来によって誰もが知りたがる情報を提供しています。

Cさんの終活コミュニティは、40代から80代まで幅広い年齢層の参加者がいらっしゃいます。人間はいつ死ぬかわからないという意識もあるでしょうし、若い方々は親御さんの問題として終活をとらえている人もいるのでしょう。

役に立つ情報を得たい。学びを得たい。そして自分が得た知識は目的を同じくする仲間とシェアしたい——。そういった思いに年齢は関係ありません。

さらに、人生経験が豊富な高齢者だからこそ、自らが蓄えたノウハウやスキルを活かしてサブスクを始めれば、それを教えてほしいという方々が自然に集まってきます。

インターネットが普及する以前であれば、親戚や近所にいる物知りなおじいさんやおばあさんのところに、知識を学びたい人が訪れていたのだと思います。現在は、物理的にわざわざ足を運ばなくても、オンラインで自分が求める知識を持っている人につながることができます。

発信する側からすれば、毎回、生徒を何十人も集めてその前で授業を行うのは体力的にも負担が大きいでしょう。しかしオンラインであれば自宅からでも発信できますし、事前に映像を収録して配信したり、文章をメルマガで配信したりするなど、自分の体力などに応じたやり方で無理なく続けることができます。

オンライン時代のサブスクモデルは、人生１００年時代を元気に生きる高齢者の方々にも、追い風になっているのです。

本質的な目的――社会貢献をするから応援される

継続しているサブスクモデルには、どんなジャンルであれ、共通点があります。それは、「社会貢献」という本質的な目的が存在するということです。

「そのサブスクやコミュニティをやっているのは『何のため』ですか？」

この問いに対して、どのような形であれ「社会貢献」という視点が含まれているならば、そのサブスクモデルは周囲から応援され、持続可能なものになっていくでしょう。

社会貢献がなぜ応援されるのかは、昨今、人気を集めている「クラウドファンディング」を例に考えるとわかりやすいと思います。

クラウドファンディングとは、クラウド（crowd／群衆）とファンディング（funding／資金調達）を組み合わせた造語で、ある目的のためにインターネットを通じて不特定多数の人から資金を集めることを指します。

日本では「CAMPFIRE」「READYFOR」「Makuake」などのクラウドファンディングプラットフォームが有名です。これらのサイトにプロジェクトの発起人が、

「こんなものを創りたいんです。だから皆さん出資してください！」

とメッセージを載せます。その呼びかけに賛同した人たちがプロジェクトに寄付をするのです。

多くのプロジェクトでは、寄付金額に応じたリターン（返礼品など）を行います。しかし、ときにはリターンがないプロジェクトにも多額の寄付金が集まることもあります。「お金を払ってでも、そのプロジェクトを応援したい」

こうした賛同者が増えるのは、プロジェクト自体に「社会貢献」という目的が含まれている場合です。ただ単に応援するだけでなく、自腹を切ってお金を払うことで、自分もそのプロジェクトに参加している実感を得られるのです。それは、社会貢献という体験を買う「コト消費」の一種といえるかもしれません。

サブスクの世界でも同じような構図が見られます。

有名なところでは、キングコングの西野亮廣さんが月額制のサブスクで運営しているオンラインサロン「西野亮廣エンタメ研究所」があります。ここでは、西野さんの発案で何かの企画が立ち上がると、サロンのメンバー内や、場合によっては外部からも希望者を募り、プロジェクトを進めていきます。

興味深いことに、プロジェクトの企画を考えたり何らかの作業を手伝ったりする人たちは、あえて自分でお金を払って参加しているのです。普通だったら、主催者側がお金を払ってアルバイトを募集して働いてもらいますよね。

しかし、お金を払ってでもそのプロジェクトに参加したい、同じ体験を共有したい、という人たちが増えているのです。第1章でも触れましたが、みんなが参加して作り上げていくプロセスを一緒に楽しむ「コト消費」が、サブスクの世界のあちこちで盛り上がっているのです。


とはいえ、サブスクモデルにすればすべてのビジネスが応援されるわけではありません。ここで大事になるのが、先にもお伝えしたように「社会貢献」という本質的な目的があるかどうかです。

「何のため」にそのサブスクをやっているのかと問われた時に、その目的が自分のお金儲けだけであるならば、周りの人たちから共感を得られるコミュニティには育っていきません。自分のプラスになるのはもちろんですが、それに加えて何らかの形で社会に貢献できる実感があるからこそ、あえて自腹を切ってお金を出してまで参加する人たちが増えていくのです。

社会貢献ということでいえば、

「自分が持っている知識を誰かとシェアしよう」

という思いも、立派な社会貢献になります。

先の例で挙げましたが、自分がビジネスマンとして培ってきたスキルやノウハウを次世代に伝えていくことは、そのコミュニティがなければ埋もれてしまうであろう無形の財産を掘り出して、必要とする人たちに渡していく作業です。

「終活」にしても、多くの人が何をしていいかわからず悩んでいるから、経験者が自分の持つ知識を伝えることで、その悩みを解決に導くことができるのです。

どちらも立派な社会貢献になっていますよね。本質的な目的が共感されて人が集まり、その結果として月額でお金が入ってくるわけです。最初から「私がお金を儲けたい」という私利私欲だけでは、そのサブスクモデルは周囲の共感を得られず、長続きしません。

「自分が持っている知識を、誰かのためにシェアしてあげよう」

「これを世の中に広めれば、誰かの役に立つはずだ」

こうした気持ちからスタートしたサブスクモデルのコミュニティは、目の色を変えて集客をしなくても自然に共感が広がっていくものです。

また、最近、増えているサブスクモデルは、地域型のコミュニティです。

特に都市部では顕著ですが、現代は地域の住民同士の交流が少なくなりました。

「隣に住んでいる人が誰だかわからない」

「何かあったときに誰に助けを求めていいのかわからない」

そんな不安を抱えている人が多いのです。

市区町村に根付いたコミュニティをつくることで、地域の情報を交換し合ったり、何かあっても物理的に近距離に相談したりできる人がいるという安心感を得ることができます。特に介護をしている人からは、その地域の介護に関する情報が得られたり、具体的な介護の悩みを近くにいる人たちに相談できるといったことで、地域型コミュニティへの賛同が高まっているのです。

そして、地域の歴史や文化財の魅力を発信したり、ワークショップを開催して地域交流の場をつくったりという動きも盛んです。そういったイベントの企画立案や運営を、サブスクモデルに定額を払って参加している人たちが自ら進んで行っているのです。

地域貢献という体験にお金を払う、まさに「コト消費」なのです。

とはいえ社会貢献といっても、

「私はそんなに意識高くないから無理かも……」

などと難しく考える必要はありません。

「こういうことを誰かがシェアしてくれたら助かるかも？」

「みんなで一緒に楽しいことできないかな？」

このぐらいの軽い思いがあれば十分なのです。

現在は個人個人が自立している時代です。これまでは、物理的に出会える距離にいる人たちに自分の思いをぶつけるしかありませんでした。その範囲に自分の思いを理解してくれる人がいなければ、「誰もわかってくれないか……」とあきらめるしかなかったのです。

しかし現在はネットもＳＮＳもあります。世界中の人たちに自分の思いを表現することができ、賛同してくれる人も世界中から集めることができるわけです。

同じ思いを共有できる人が集う「場」を、サブスクによって比較的安い料金で提供する。その１点だけをとっても、立派な社会貢献といえるのではないでしょうか。

少しでも「みんなの役に立つ」という思いがあれば、それは立派な社会貢献につながりますし、いずれは自然に継続して成長していけるサブスクモデルへと発展していけるのです。

自分の「気持ちいい」が、仲間の「気持ちいい」になる

私は小さい頃、決して裕福な家庭環境ではありませんでした。それでもなぜか、駅前な

どで箱を持って募金を集めている人たちを見ると、ポケットの中をあさって、持っている小銭を全部入れてしまっていたのです。いま思えば少し変わった子どもだったのかもしれませんね（笑）。

なぜ自分が貧乏なのに募金をしていたのでしょうか？　いま振り返ってみると、「自分が社会の役に立っている」というささやかな自己満足を、子ども心にも感じていたのだろうと思います。

「社会貢献」という言葉にすると高尚なものに思えてしまいますが、「誰かの役に立つ」という実感には、老若男女問わず喜びが伴うものなのでしょう。

とはいえ、一人きりで喜びをかみしめているだけでは、その喜びを続けていくのはなかなか難しいかもしれません。何かの困難に直面したとき、それでも活動を継続させていけるのは、目的や思いを共有する仲間の存在です。仲間の励ましや応援の言葉があるからこそ、人は頑張れるのです。

サブスクモデルでコミュニティをつくると、活動を継続していくうちに、主催者と参加者とのやり取りだけでなく、参加者同士の交流も活発になっていきます。

知識をシェアするコミュニティだとすれば、もともとは「この知識を教えてあげたい」という思いからスタートして、テーマに興味のある人が集まってきます。サブスクは一度参加した人は、ある程度の期間は継続するのが一般的ですので、継続的に参加している人たちは徐々に仲良くなっていきます。

すると、参加者同士の情報交換が活発になり、一人の先生が教えることを多数の生徒が学ぶという通常の「学校」のようなイメージから、「みんなが先生で、みんなが生徒」という関係へと変わっていくのです。

そうなってくると、そのコミュニティに集っている人たちは、「先生と生徒」というよりも、みんなが一緒の「仲間」という表現のほうがしっくりくるようになっていくのです。サブスクを続けていくうちに仲間ができるというのは、コミュニティ型のサブスクだけではありません。

音楽配信の分野でも、例えばヘビーメタルなどといったマニアックなジャンルの愛好家であれば、同好の士となかなかつながり合うことができない、という悩みを持っていても不思議ではありません。

「ヘビメタいいですよね！　好きな人たちが集まって、みんなでワイワイ語り合いましょう！」

誰かがこんな呼びかけをして、ヘビメタ好きな人たちが集まって、「これがいいよ」「あれもすごいよ」とお互いに情報発信し合い、交流するコミュニティが生まれたとします。

双方向の情報交換によって参加者同士の人間関係が深まり仲間になって、そこで交わされる情報の密度も濃くなり、ＳＮＳなどでも評判になってそのコミュニティの価値が上がっていく。

そうなれば、月額いくらかのお金を払ってでも、「そのコミュニティに参加して自分もその一員になりたい」「そこでしか語られない中身の濃い情報に触れたい」などというニーズは高まっていくことでしょう。

参加者が成長すれば、コミュニティ自体も成長していく。するとさらにレベルの高い人たちが集まってくる。そして参加者もさらに成長していく――。こうした相乗効果によって、コミュニティが活性化し、サブスクモデルが継続的に発展していくのです。

本章の冒頭に「小さく始めて大きく育てる」と書きましたが、最初は小さく始めたとしても、新しく入ってくる人たちによってどんどんコミュニティの価値が膨らんでいきますので、半永久的に継続して成長できるのです。

参加者も単なるお客さんや生徒という立場ではなく、「自分も仲間だ」という意識になることによって、コミュニティの仲間と一緒に成長していけるのです。そして、自分自身も情報発信することで世の中に価値を提供していけますし、その喜びをお互いに共有できるのです。だからこそ、自分の「気持ちいい」が、仲間の「気持ちいい」になっていくのです。

始めた人の知識や能力の範囲を超えて大きく成長していける。だからこそ、サブスクは持続可能なビジネスモデルなのです。

私も自分自身が主催するほかに、一般の参加者として3年ほど所属しているサブスクのコミュニティがあります。

このコミュニティは、最初からいるコアメンバーの方々が本当に優しい人たちで、

「何かあったらいつでも声をかけてください」

というフレンドリーな雰囲気でいてくれるのです。

例えば「SNSでの集客のやり方を教えてください」と質問したとしても、個人起業家は自分が成功した手法を他人に教えたがらないことがままあります。教えた相手が将来、自分のライバルにならないとも限りませんからね。

しかしこのコミュニティにいる先輩方は、

「いつも仲村さんのところでお世話になっていますし、ここまで頑張れたのも仲村さんのおかげですから、私のやり方なんかでよかったらいつでもシェアしますよ」

という感じで、分け隔てなく教えてくれるのです。

そんな先輩方の姿を見て、後から入ってきた人たちも自分の知識をどんどんシェアして

くれるようになり、「幸せの連鎖」が生まれていくのです。

自分が経験して身に着けたスキルやノウハウを、後から続く人に教えてアウトプットしていくことで、周囲からもフィードバックをもらってインプットにもなる。自分も成長し、周りも成長するという、幸せの連鎖です。

コミュニティに集う参加者は一人ひとり立場もやっていることも皆さん違います。しかし、思いを共有する仲間がいて、自分が成長してきた過程があるコミュニティは、まさに自分の居場所になっていきます。

個人起業家だからできる、繊細な共感

世の中には多種多様なサブスクモデルが存在します。

そのなかで、大手企業がやるようなサブスクと、個人起業家が目指すべきサブスクの姿は、同じサブスクといえども異なる形になるのは当然です。

大手企業と個人起業家の違いは、一言でいってしまえば資金力の違いです。

カーシェアリングのサブスクをやろうとしても、車両や駐車場を確保するのは莫大な資

金が必要ですから、それらのインフラをもともと保有している自動車メーカーや駐車場事業者などの大手企業でなければ実質的には不可能といえます。

同じように、ファッションやバッグ、時計、お花など、何らかの物品を扱うサブスクは、どれも最初からある程度の資金が必要になりますので、個人起業家が始めるビジネスとしてはハードルが高いといえるでしょう。仮に個人起業家が参入できたとしても、大手企業は抱える会員数も桁外れでスケールメリットがあり、サービスを提供する価格に差が出てきてしまいます。

資金力を必要とするタイプのサブスクで、個人起業家が大手企業と同じフィールドで勝負するのは避けるべきということがすぐにわかります。

それでは個人起業家はどういった分野で勝負すべきなのでしょうか？

個人起業家が行うサブスクは、「小さく始めて大きく育てる」が鉄則です。自分自身がやりたいことや好きなこと、得意なことなどで、お金をかけずにまずは手の届く範囲から始めていくのです。

例えば、何かで困っている人の相談を受けて、自分の経験をもとにアドバイスをしたことで、その人の悩みが解決したとします。後日、その人と再会した時に、「先日、お話を聞いてくれてアドバイスももらって、自分の悩んでいたことが解決しました。未来が明るくなりました。ありがとうございます」

こんなふうにお礼を言ってもらえたとしたら、それだけで立派な社会貢献ですよね。たった一人からの「ありがとう」という小さなプレゼントで、自分もまた幸せを感じると思うのです。

「こんなに喜んでもらえるなら、この1つの種から、2つ、3つと増やしてみようかな」

まずはそんな小さな思いで十分です。

最初は1対1かもしれませんが、それが1対5、1対10……と増えていったとしても、オンライン会議システムを用いるならば運営の労力にさほどの差はありません。

そうやって少人数から和気あいあいとやっていると、参加者の皆さんからも、

「もっともっと人を集めて、いろんな人に伝えていきましょうよ」

という動きが出てきたりして、さらに外枠が広がっていくのです。最初は一人からスタートした思いが、徐々に周囲にも浸透していきます。

「もっと多くの人に伝えるためには、こんなふうに表現したほうがいいかな？」

などと試行錯誤していくうちに、思いや理念もさらにブラッシュアップされていくのです。最初から大きな志や理念があるわけではなくて、コミュニティの成長とともに作り上げられていくものなのです。

自分と周りの人たちが、思いを共感し合いながら一緒に成長していける――。

このプロセスを体験できるのは、大手企業が何万人、何十万人の会員数で行う大規模なサブスクでは不可能です。少人数で始める個人起業家のサブスクモデルだからこそ、コミュニティと一緒に自分が成長できる喜びを体験できます。

この繊細な共感のプロセスにこそ、大手企業にはできない、個人起業家が勝負すべきフィールドがあると私は確信しています。

個人起業家のサブスクが成功するかのカギは、繊細な共感に基づいた、適切なサポートを行えるかどうかにあります。

サポートの範囲にはいろいろあって、心理面での励ましといったサポートもあれば、SNSやオンライン会議などツールの使用方法に関するサポートもあります。

どの点をどこまでサポートするのか。そのサポートを自分がやらなければいけないのか、他人に任せることができるのか、あるいは自動化してシステムによる対応をするのか。

こうした点について、参加者からニーズや意見をくみ取りながら、そのコミュニティに合った形で柔軟に構築できるのも、小さく始める個人起業家のサブスクならではの利点であるといえるでしょう。

いずれにしても、大手企業にはない個人起業家の武器は「繊細な共感」そしてそれに基づく「思い」です。

「この思いを表現したい。この思いに誰かが共感してくれたらうれしい」

その原点を忘れずに取り組んでいけば、他のどこにもない、あなただけのサブスクモデルを継続していけるでしょう。

軸があるから変化できる

サブスクモデルを始めるにあたって、再三にわたり「思い」の重要性を述べてきました。

なぜかというと、個人起業家の思いが「軸」となってぶれないからこそ、サブスクモデル自体は柔軟に変化していけるからです。

小さく始めた等身大のサブスクモデルであれば、参加者が支払う金額も毎月定額で、かつ低価格帯に値段設定することがほとんどです。金銭面での負担が少ないからこそ、運営側も参加者も、リラックスして取り組めるのがメリットなのです。

これが、「1対1で2時間の個別カウンセリング、1回3万円」だとか、「最強の投資手法のプログラムを30万円で販売」などといった高額な商品やサービスの提供となれば、提供する側にも相当の責任が求められますので、かなりのストレスになるでしょう。

また、すでに高額を支払った既存顧客がいることで、いったん始めた商品やサービスの変更が難しくなるというデメリットもあるのです。

「私は30万円も払ったのに、今は同じプログラムが20万円に安くなっている。ずるい！」

こんな声があがったりして、改善しようとしても納得を得られないおそれがあるのです。

サブスクモデルによる低価格帯の定額制であれば、極端な話、試験的な状態で見切り発車をすることも可能なわけです。参加してくださる人たちにも最初から、

「これから皆様の意見をもとにどんどんブラッシュアップしていきます」

とアナウンスして料金も安めに設定しておけば、その後にいろいろな変化が生じても文句は出ませんし、参加者も積極的にフィードバックを寄せてくれるようになるでしょう。

最初の小さな段階から参加したコアメンバーは、サブスクモデルが成長するプロセスを味わうという体験ができます。ある程度、成長した段階で入ってきた参加者は、従来からの改良を経てブラッシュアップされたコンテンツを手にすることができるのです。

参加する段階に応じて、それぞれの価値を手にすることができるのがサブスクモデルです。だからこそ、人に貢献できるビジネスモデルなのです。

サブスクを立ち上げた個人起業家は、その商品やサービスを手にする人たちがどんな価

値を求めていて、どの価格帯だったら納得して続けてもらえるのか。そして自分自身はどんな形だと満足できるのか。常にそうしたことを自問自答し、ときには参加者からのフィードバックをもらいながら進めていきます。

サブスクモデルを進めながら柔軟に変化していけるのは、原点となる思いがぶれない「軸」になっているからです。

軸となっている自分の思いは最初から最後まで変わりませんが、表現の仕方は参加者の状況に応じて変わっていきます。ビジネス環境が変化するスピードが早い現代において、むしろ変われないことのほうが、リスクが大きいといえます。

メンバーと共有している思いがあるからこそ、表現方法は安心して変えていけるのです。

次の第3章で、自分の思いをいかにしてサブスクモデルの軸にしていくかをご説明していきます。

「思いだとか抽象的な話はいいから、手っ取り早く儲かる手法を教えてくれ！」

という人もいるかもしれません。

ですが、「急がば回れ」という言葉もあります。しっかりと時間をかけて、自分の生きがいと直結したぶれない軸をつくってサブスクモデルを始めた人は、例外なく継続的に安定した収入を得られるようになっていくのです。

自分の「思い」という軸があるからこそ、状況に応じて柔軟に変化していける。このことを忘れないでいてください。

サブスクをやる5つのメリット

ここまで、様々な角度からサブスクの魅力を述べてまいりました。
改めて、個人起業家がサブスクを行うべき理由として、

①時間が自由になる
②収入が安定する
③ロングランビジネスである
④ファンができる
⑤ＬＴＶ（ライフタイムバリュー）が高い

という５つのメリットについてまとめてみましょう。

①時間が自由になる

私のスクールでサブスクを学んで起業する人たちのなかには、女性の方も多く、なかでもシングルマザーや介護をされている人など、フルタイムで勤務することが難しい方々もいらっしゃいます。

そうした方々がサブスクモデルで起業して、経済的・時間的な自由を勝ち取られる姿は、教えている立場からしても心からうれしいものです。

「時間が自由になる」というメリットは、起業全般に当てはまるかもしれません。しかしサブスクの場合、うまく仕組みをつくることができれば、顧客が増えても作業時間は増えることなく、収入だけが増えていくのです。

例えばサブスクで起業して、週1回×3時間くらいの労働が発生するとすれば、1カ月で12時間です。この12時間の労働で、定額の収入が得られるのです。

そして、オンライン会議などをうまく活用すれば、参加者が10人でも100人でも、運営する労力はさほど変わらず、12時間の労働で済むのです。オンライン会議のリンクをメールで送信するのに、送信先が何人いようが登録さえしておけばワンクリックで終わりますよね。参加者が10倍になったからといって、労働時間が10倍になるわけではないのがよくわかると思います。

そのため、続ければ続けるほど、労働時間あたりの収入は上がり、効率よく稼ぐことができるはずです。労働時間をうまくコントロールすれば、育児や介護との両立も可能ですし、何より自分の人生を有意義に送ることができるのです。

また、病気や事故で身体が不自由になったり、高齢で体力が衰えたりした方にとっても、労働時間を増やすことなく収入だけが増えるサブスクモデルのメリットは大きいでしょう。

②収入が安定する

サブスクモデルは月額いくらという形で定額料金が入ってきます。参加者数×定額料金を計算すれば、毎月の収入がすぐに算出できます。そして、サブスクモデルは一度始めると、すぐにやめる人は少ないので、３カ月先、半年先の収入もある程度の見通しが立つのです。

商品やサービスを世の中に出してみて、そこで初めてどれくらい売れるかがわかるという一般的なビジネスに比べて、毎月一定額の収入が計算できるというのは、個人起業家にとって何よりの安心になりますし、財政的にも安定します。

③ロングランビジネスである

本章でも触れたように、本質的な目的である「社会貢献」という軸さえきちんとおさえていれば、世の中の流行り廃りやビジネス環境の変化に左右されず、継続していけるのがサブスクモデルです。

自分で終わりを決めない限りは、いつまでも続けることができる。そして続けていく限り、安定的な収入を生んでくれる。そんなロングランビジネスを、たった一人から、そして小資金でも始めていけるのがサブスクモデルなのです。

④ファンができる

サブスクモデルを続けていくと、同じ目的を共有し、成長のプロセスを一緒に歩むことのできる仲間が増えていきます。仲間は「ファン」と呼び変えてもいいかもしれませんが、自分の思いに共感してくれる人が増えていくのは、かけがえのない喜びになります。

私が運営しているサブスクのスクールでも、

「このコミュニティがなくなったら困るから、できることは何でも応援します」

「永遠に続いてほしい」

こうしたお声を多数いただいています。

だからといって、皆さんに払っていただいているお金は月額の定額料金だけです。それでも、同じ思い、同じプロセスを共有してきたファンや仲間とのつながりというのは、商品を売って終わりという一過性の関係とは比べ物にならないくらい強固になっていくのです。

そんなファンや仲間がいるからこそ、途中でいろいろな困難に直面したとしても、「応援してくれる人たちのために頑張ろう！」と、そう思って前進し続けることができるのです。

⑤ＬＴＶ（ライフタイムバリュー）が高い

「ライフタイムバリュー」とは、第1章でもご説明したように、ある会社の商品やサービスに対して、一人のお客が生涯で使う金額のことです。

サブスクモデルは、毎月の支払金額は低価格ですが、ずっと継続してくださると、その方のライフタイムバリューはかなりの金額になります。

例えば、私のスクールですと標準的なコースで毎月５０００円をいただいています。それでも1年に換算すると6万円です。そして、始めた当初から10年以上ずっと参加し続けてくれている方々も多数いますので、その人たちのライフタイムバリューは60万円にもなるわけです。

60万円という大金を一括でポンと払ってもらうのはかなり大変なことですが、毎月５０００円という定額であればハードルは低くなり、それほどの負担なく続けていただけます。そして、私自身が終わりを決めない限りは続いていくモデルですから、20年、30年という時間軸で考えたら、ライフタイムバリューは非常に高くなるわけです。

以上、サブスクをやる5つのメリットでした。

次章からはいよいよ、あなたのサブスクモデルをどうやってスタートすればいいのかを、実践的なワークとともにご説明していきます。

第3章

始めようサブスクモデル

「生きがい（ikigai）」を見つけて自分らしくビジネスを始めよう

サブスクモデルを始めるにあたって、まずはあなたが何をやりたいのかを探っていく作業を行います。自分自身を深掘りしていき、ぶれない自分の軸を見つけ出すのです。

そのための手法のなかでも特に注目なのが、「自分史ワーク」と「ikigaiワーク」という2つのワークです。

この「ikigai」とは文字通り、日本語の「生きがい」のことで、「生きる意味や意義」「生きていることの喜びや幸福感」といった意味になります。

なぜ英語で記しているのかというと、日本の「生きがい」という概念が、いま欧米で「ikigai」という言葉として定着しているからです。世界の長寿地域に関する研究をしていたアメリカの学者が、日本・沖縄の長寿の理由として「生きがい」を取り上げたことがきっかけで、脚光を浴びるようになりました。

私たちが当たり前のように使っていた「生きがい」という言葉は、近年は欧米でも「これは素晴らしい考え方だ」ということで注目が集まり、「生きがい」を発見するための「ikigaiワーク」というものが生まれるに至ったのです。

ちなみに、生きがいという言葉の起源は平安時代（794年～12世紀末）といわれています。「いき」とは人生と外界を意味する言葉です。そして「がい」とは、当時とても価値があると考えられていた「貝」に由来するといわれています。そこから「生きものの価値」を意味する「生きがい」という言葉が生まれたのです。

日本人の考える「生きがい」とは、日常の小さな喜びの総和が充実した人生をもたらすという価値観につながっています。物質的な欲求を追い求めてきた近代文明のなかで、こうした価値観は非常に貴重だということを、世界から注目されたことで日本人自身もようやく気がついたのです。

自分の生きがいが何かを見つけて人生を輝かせようという「ikigai ワーク」も、欧米の学生たちの間で人気になり、そして日本に逆輸入されてきました。

私のスクールでも、この ikigai ワークを、サブスクモデルでの起業という目的のためにアレンジして取り入れています。

なぜ ikigai ワークを行うかというと、10年、20年と続けていけるサブスクモデルをつくるためには、あなた自身が本当にやりたいことと合致していなければなりません。サブスクモデルは持続可能性が大切なので、「呼吸するかのように自然に続けられる」という状態になるのが理想です。続けること自体が苦しいようなビジネスでは、仮にお金が手に入ったとしても、あなた自身の幸福にも、お客様の幸福にもつながらないからです。

例えば料理人のなかにも、料理が好きで料理をしていれば幸せな人と、料理が特に好きではないけど料理しかできないからやっている人と、料理が嫌いだけど誰かに言われたから仕方なくやっている人がいたとします。

そうすると、まったく同じ材料と手法で料理をしたとしても、やはり料理が好きで料理をしていれば幸せだという人の作った料理が、一番美味しいのです。料理を作った人も幸せですし、食べるお客様も幸せな、喜びに満ちた関係が構築できます。

ですから、まずはあなた自身が本当にやりたいことを探していきましょう。

本当にやりたいことを探すためにまず行うべきは、あなた自身の「生きがい」とは何なのかを見つけることです。そして、生きがいから発せられるあなたの思いを、どのような商品やサービスにしてお客様に届けていくのかを考えます。オンライン化ができれば、あなたの思いを届けられる先は、世界中へと広がります。

・生きがい×サブスク×オンライン＝自分らしく継続できるビジネス

この方程式により、自分らしくビジネスを始めて、そして加速し、持続的に発展していくことができるのです。

そのスタートとして、ikigaiワークに取り組んでいきましょう。

「自分史ワーク」ステップ1：「自分史年表」を書き出そう

私のサブスクスクールでは、ikigaiワークの前に、まずは自分史ワークというものを行います。その結果をもとにikigaiワークを行うという順番で進めますので、先に自分史ワークについて説明していきましょう。

自分史ワークでは「自分史年表」「掘り出しワーク」という2つのシートを用います。

まずは今までの自分の人生を振り返り、その足跡を「自分史年表」に書き出していきます。

自分史年表には、次の3つの項目があります。

①年齢
②出来事
③成功・失敗・得たもの・感じたこと・学んだこと・信じたもの

この3つの項目を、1歳から現在の年齢までずっと埋めていくのです。
例えばこんな感じです。

【21歳】
①年齢：21歳
②出来事：初めて恋人ができた
③成功・失敗・得たもの・感じたこと・学んだこと・信じたもの：初めて恋人ができたが、相手の気持ちを考えることができず、傷つけて別れてしまった。その悲しみは忘れられないけれど、自分よりも他人を大切に思えた経験は財産となっている。

【30歳】
①年齢：30歳
②出来事：初めて転職をした
③成功・失敗・得たもの・感じたこと・学んだこと・信じたもの：エージェントの力を借りて転職した。最初はアドバイス内容に不満があったが、やはり専門家が教えてくれる知識は貴重だと実感。

このような形で、40歳の人なら40年分、60歳の人なら60年分、自分史年表に書き出していきます。かなり大掛かりで長時間の作業になるかもしれません。

自分史年表をずっと書いていくと、同じか、もしくは似たような言葉が何度も出てくることに気がつくはずです。

私の場合は、小さい頃は「秘密基地に隠れる」とか、大人になると「一人で旅に出る」「長期の旅行に行く」「神社巡りに出る」などという記述が出てきます。

「自分に辛いことがあると一人になりたいタイプなのだな」

「みんなでワイワイするよりも、一人で自分の内面と対話することをしてきたのか」

こういった自分の傾向性がわかってくるのです。

自分史年表を書いていて何度も出てきたキーワードは、次のステップである「掘り出しワーク」でも重要になってきますので覚えておいてください。

さて、自分史年表には、自分にとっていいことも悪いことも、包み隠さず書いていきます。人によっては、自分の人生を振り返ることが痛みを伴う経験になるかもしれません。

私も、自分史ワークを何回かやってきました。5年ほど前に行った時には、20歳時点のことを振り返ると、当時の苦しかった出来事がよみがえってきて、胸がチクチクするような痛みに襲われたものです。

けれども現在、同じように20歳のときを振り返っても、それがいい思い出に変わっていることに気づきます。そんなときに、

「自分の歩いてきた道は間違っていなかった。この5年間で自分はまた成長できた」

と実感できるのです。

そして、辛かったことや苦しかったことも人生の糧として受け入れて、そして幸せの方向へと進んでいる自分がいることがわかるのです。

また、自分史年表を書いていくと、自分がこれまでたくさんの人とのつながりのなかで生きてきたことを実感すると思います。

自分史年表を書いた人からよく、

「私はこれまで人から愛されていないと思っていたが、実は多くの人に助けられて生きてきたことがわかった」

というような感想をいただくことがあります。

誰もがこの世に生を享けた瞬間から、親をはじめ周囲の人たちに愛されてきました。そ

の後にたとえ苦しいことや辛いことがあったとしても、誰かに愛されているからこそ、今こうして生きているのです。

そのことを再確認し、自分が誰かに愛されてきたという実感を持てると、今度は自分が周囲の人にも愛情を与えられるようになります。

自分と思いを同じくする人に愛情を注ぐことで幸福なコミュニティを築き、サブスクモデルで継続的に安定収入を得ることで自分自身に愛情を返すことができる。自分も他人も、自他ともに幸福になっていけるからこそ、サブスクは持続可能なビジネスモデルなのです。

自分の現在地がどこなのかをきちんと認識する意味でも、この自分史ワークは最初の大切なステップになります。

「自分史ワーク」ステップ２：「掘り出しワーク」で強みを探す

自分史年表を最後まで書き出すことができたら、次に「掘り出しワーク」を行います。

自分史を書くことで、改めて自分自身がどんな人生を歩んできたのかを再確認できたはずです。

今度はそのなかから、自分の強みになるものは何かを発見していく作業です。

掘り出しワークは、自分史年表を書いたうえで、次の33個の質問に答える形で行います。

「33個も質問があるの？」

と驚かれる方もいらっしゃるでしょう。そうなんです、33個もあるのです。

自分史年表を書いた後に、またこれだけ書かなければいけないのかと思うかもしれませんが、これは自分が持っているリソースや強みを発見する大事な作業です。がんばって取り組んでみてください。


〈自分史を書いたうえで下記の33個の質問にお答えください〉
①自分史を作成して改めて自分の強みに変わりそうな資源・リソース・潜在能力・才能は何でしたか？
②自分史のなかで、一番使っていたキーワードはなんですか？
③あなたが好きな人の共通点は何でしたか？
④あなたが嫌いだな、と思う人の共通点は何でしたか？
⑤あなたが特に好きなこと、また得意なこと、熱中できる趣味は何ですか？
⑥客観的に見て自分の長所はどこ（何）ですか？

⑦客観的に見て自分の短所はどこ（何）ですか？
⑧７を長所に変えてみてください
（例：人見知り→人の顔色を観察できる→人に気を遣える）
⑨あなたが人生で一番悲しかったこと（泣いたこと）は何ですか？
⑩あなたが人生で一番苦しかったことは何ですか？
⑪あなたの人生で一番怒ったこと（許せなかったこと）は何ですか？
⑫あなたの人生で一番充実して楽しかったことは何ですか？
⑬あなたの人生で一番うれしかったことは何ですか？
⑭あなたが今までの人生のなかで一番、感謝したことは何ですか？
⑮子どもの頃（幼・小・中・高）の夢は？　それはなぜですか？　（覚えていれば）
⑯今のどうしても叶えたい夢は？　その理由は何ですか？
⑰時間をかけて「コツコツ」続けるのが苦にならないことは何ですか？
⑱周りから「ここを褒めてもらえるとうれしいこと」は？
⑲仕事上、特に努力をしなくても「苦労せずできてしまうこと」は？
⑳仕事上、他者とは違う「こだわってしまうこと」ポイントはありますか？
㉑他人の仕事ぶりや才能・能力面を見ていて異常に「嫉妬」を覚える部分はどこですか？

㉒自分の仕事のなかで「これだったら自信を持って人の役に立てる！」と強く思うことは？
㉓人生でもっとも「充実していた体験」について
㉔人生で「どん底だった頃の体験」がありますか？
㉕24での体験から得られた事、気づき、学びは何ですか？
㉖あなたにとって、「仕事とは」何ですか？
㉗今、どんな時に「充実感」や「やりがい」「生きがい」を感じますか？（具体的に）
㉘仕事において一番大切にしていること、こだわり、理念、在り方は何ですか？
㉙仕事で何を考えている時・何に取り組んでいる時に「ワクワク」しますか？
㉚もし、食べていくため・家族を養うためという目的が満たせる水準まで収入が得られたとしたら、それでも、あなたが「仕事をする理由」は何ですか？
㉛あなたの仕事の経験から「30分以上説明できること・好きで話し続けられる話題」は何ですか？
㉜生きている間にこれだけは「成し遂げたいこと」はありますか？
㉝ここまで書き出してみて、あなたを一言でいうとどんな人ですか？

以上、掘り出しワークの33個の質問でした。

自分自身の「ストーリー」を語るために

この掘り出しワークは、先の自分史年表と同じかそれ以上に、自分自身と向き合う作業になりますので、書いていくうちに苦しい思いをする人もいるかもしれません。

「嫌いだな、と思う人の共通点」「人生で一番悲しかったこと」「人生で一番苦しかったこと」「どん底だった頃の体験」……

こうした質問に答えるのは、誰だって、いい気持ちにはならないものです。

でも、このプロセスが非常に大切なのです。

これから先もやりたいことをずっと続けていこうと思うならば、自分が成長して、社会貢献をして、影響力を持ち始めていくことも想定しなければなりません。

そのときに広く共感を集めるためには、自分自身の「ストーリー」を魅力的に語っていく必要があります。

世界の人々が時代や国境を越えて共感するストーリーの奥底には、実は同じような成長物語があります。世界各国の神話を研究したアメリカの神話学者ジョーゼフ・キャンベルによれば、人々が共感する成長物語の根底には次のような「ヒーローズ・ジャーニー（英雄の旅）」の構造があるといいます。

「ヒーローズ・ジャーニー（英雄の旅）」の12ステップ

①平凡な日常：主人公は何の問題もない平凡で安定した日常生活を送っている
②非日常への誘い：主人公が平凡な日常から離れるきっかけが訪れる
③非日常の拒絶：主人公は未知への不安や恐怖から旅立ちを拒もうとする
④師との出会い：非日常へ進むための助言を与えてくれる存在に出会う
⑤事件の始まり：主人公が旅立ちを受け入れて、物語の事件へとかかわっていく
⑥試練・仲間・宿敵との出会い：主人公は試練に立ち向かい、仲間や宿敵と出会う
⑦もっとも危険な場所への接近：それを乗り越えないと目的が達成できない危険へと向かう
⑧最大のチャレンジ：もっとも危険な場所、困難な障壁に対して立ち向かう
⑨報酬・宝：最大のチャレンジを乗り越えたからこそ入手できる報酬を得る
⑩帰路：報酬を持って帰路に向かう

⑪復活：主人公は特別な体験を経て、自身が生まれ変わった（成長した）と実感する
⑫宝を持って日常への帰還：新たな次元に達した主人公が、元の日常に戻る

こうして見てみると、私たちが熱中した映画や小説のストーリーにも、共通する構造が見えてくるのではないでしょうか。どんな主人公たちも、日常を離れて旅に出る前には不安でためらい、そして冒険に出発して宿敵や仲間に出会い、最大の困難を乗り越えて宝を手にするのです。その過程で、主人公は大きく成長していきます。

人生という物語の主人公は他でもない「あなた」です。自分史年表や掘り出しワークを書きながら苦しい思いをしたとしても、それはご自分の「ヒーローズ・ジャーニー」のなかで乗り越えるべきチャレンジだったのです。

「紆余曲折を経て、いまこうして幸せに生きているのは、こうやって乗り越えられたから」
「私がその体験から得たものを、次に続く人たちにも伝えたい」

こうした思いを込めてビジネスを発信していけば、必ず周囲からの共感を得られるでしょう。

そのためにも、自分史ワークは逃げずに真正面から取り組んでみてください。

「ikigai ワーク」ステップ1：生きがいを構成する4つの要素

自分史年表と掘り出しワークで、自分自身の内面やリソースをしっかりと再認識できたら、いよいよ「ikigai ワーク」に取り組んでいきましょう。

ikigai ワークでは、4つの円を並べたベン図（複数の集合の関係を表す図）によって「生きがい」とは何かを考えていきます。

4つの円は、それぞれ次の要素を表しています。

①好きなこと（快楽）
②得意なこと（承認欲求）
③お金になること（安心で安全な生活）
④需要があること（集団への帰属）

ikigai ワークにおける「生きがい」とは、この4要素すべてに当てはまる状態を指します。

つまり、自分が好きで、得意で、お金が稼げて、社会から需要がある領域が、「生きがい」

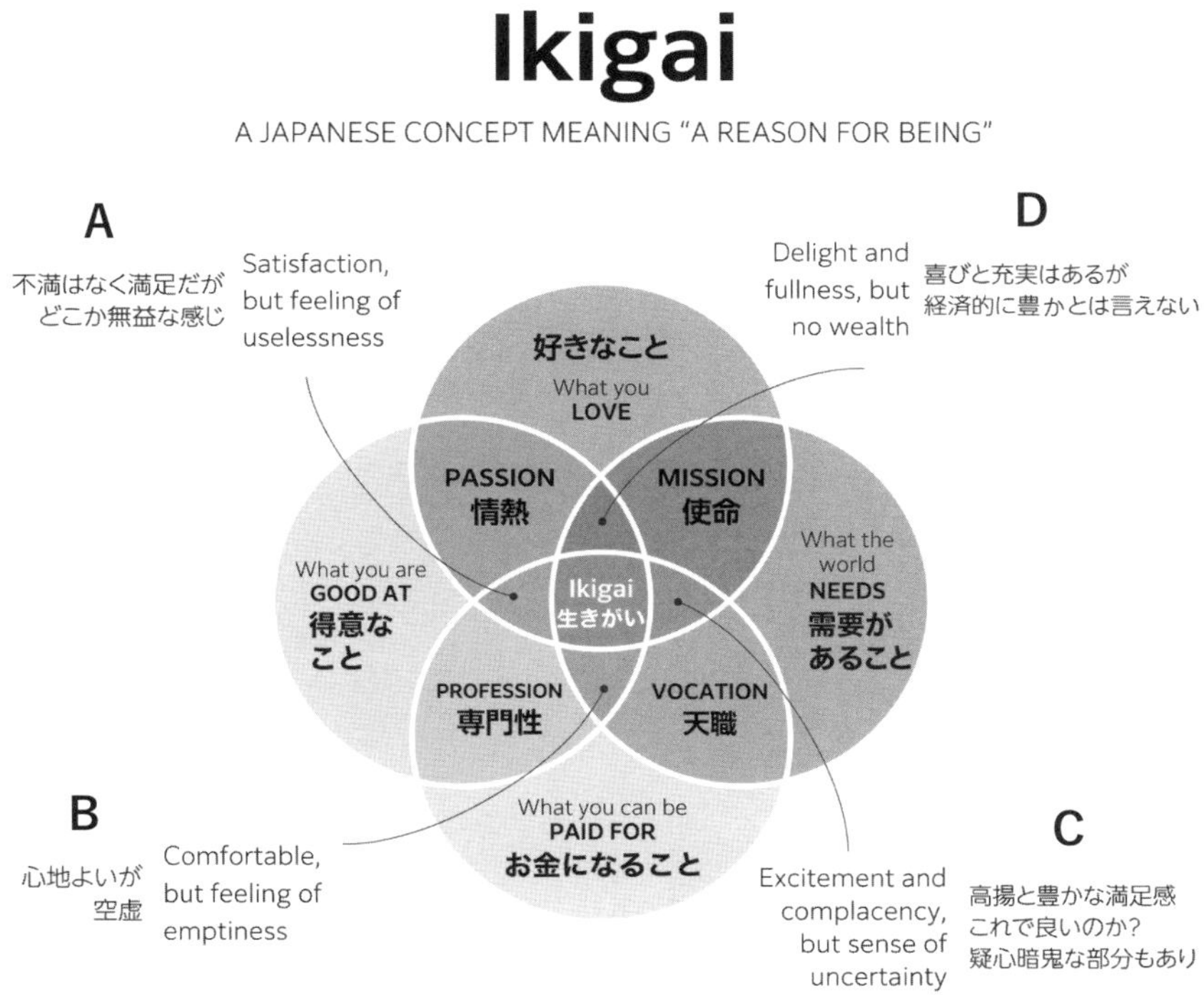
Ikigai
A JAPANESE CONCEPT MEANING "A REASON FOR BEING"
A
不満はなく満足だが
どこか無益な感じ
Satisfaction, but feeling of uselessness
D
Delight and fullness, but no wealth
喜びと充実はあるが
経済的に豊かとは言えない
好きなこと
What you LOVE
PASSION
情熱
MISSION
使命
What you are GOOD AT
得意なこと
Ikigai
生きがい
What the world NEEDS
需要があること
PROFESSION
専門性
VOCATION
天職
What you can be PAID FOR
お金になること
B
心地よいが
空虚
Comfortable, but feeling of emptiness
C
Excitement and complacency, but sense of uncertainty
高揚と豊かな満足感
これで良いのか？
疑心暗鬼な部分もあり

ikigai ワークのベン図

になると考えるのです。この生きがいを見つけることができれば、楽しみながら働いていき、お金も稼げて、自分の人生を輝かせることができるのです。

ですからikigaiワークは、個人起業家にかぎらず、進路を考える学生の方や、会社員や主婦の方であっても、どんな方でもやってみるとよいと思います。それぞれの置かれた立場で、「自分は何をすべきか？」「自分は何で輝けるのか？」が見えてくるはずです。

それでは、大きな紙と、4色の小さな付箋を用意してください。

大きな紙は4分割して、生きがいを構成する4つの要素である、①好きなこと、②得意なこと、③お金になること、④需要があること、を記入するスペースをつくります。

次に、自分史ワークで掘り出した自分のリソースから、この4要素に当てはまりそうなものをすべて、付箋に書いて該当するスペースにどんどん貼り付けていくのです。

その際、好きなことは青、得意なことは黄色……というように、要素ごとに色を決めておき、その色の付箋に書き出すようにします。

自分のリソースを書いた付箋は後で外したり、移動したりしますが、その際にも「これは青の付箋だからもともと『好きなこと』で挙げた要素だな」とわかるからです。

4つの要素を書き出す際の参考に、それぞれをもう少し細かく見ていきましょう。

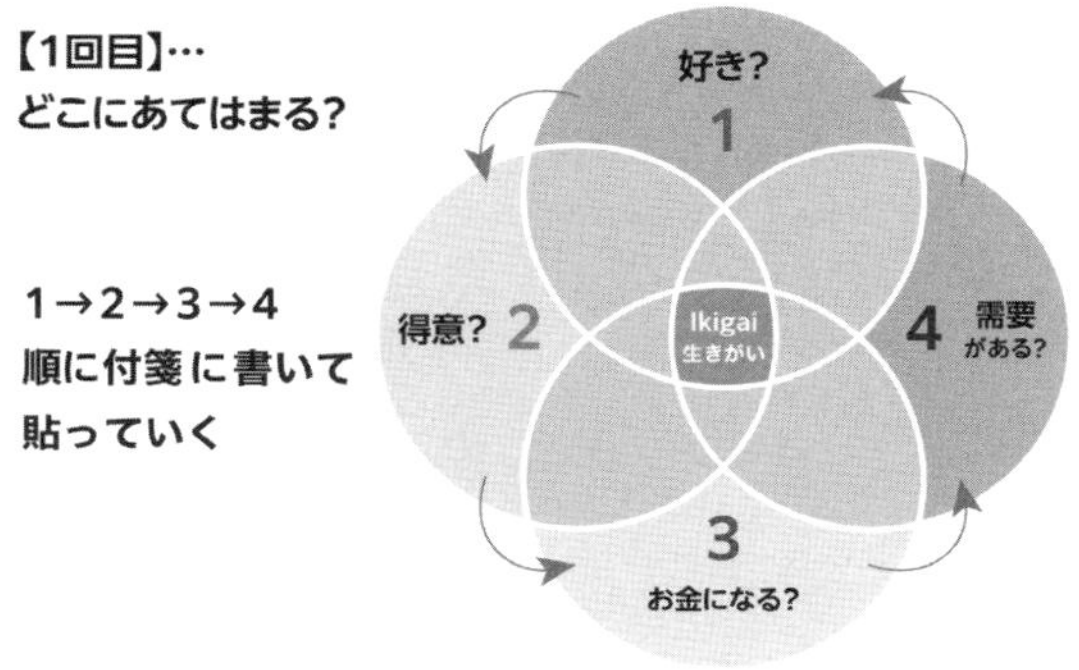

①好きなこと
・子どもの頃に飽きもせずやっていたことは？
・大人になってから「もう一度やりたいな」と都度思い出すことは？
・寝食を忘れて没頭しちゃうことは？

②得意なこと
・学校教育や仕事で多く時間をかけて学んできたことは？
・人によくやってほしいと頼まれることは？
・何かスキルアップしたいことはある？

③お金になること
・今までどんなバイトや職業で稼いできた？
・今の職業に就いていなかったら何になっていた？

・何でお金を稼ぎたい？

④需要があること
・周りの人間は何が好き？
・周りの人間は何が欲しいと思っている？
・自分と周りの環境に不足していることは？

こうした観点も踏まえて、自分のリソースを書き出せるだけ付箋に書き出し、4つの要素のスペースに貼り付けていくのです。

同じ事柄を複数の要素のスペースに貼ることになってもまったく問題ありません。例えば私でいうと「料理」は好きで、得意で、お金になり、需要もあるので、①～④すべての要素に当てはまります。そこで、「料理」と4枚の付箋に色分けして記入し、それぞれの要素のスペースに貼ります。

人によっては、「好きなこと」はたくさん書けても「需要があること」が全然出てこないとか、4要素のバランスに偏りが生じる場合もありますが、それでも大丈夫です。正解や不正解はありませんので、細かいことは気にせず、まずは自分のなかにあるものを出してみることです。

自分のリソースを付箋に書き出して４つの要素に分類する。これをステップ１とします。この後ステップ２～４までの過程で、自分のリソースをギュッと絞るようにブラッシュアップしていき、最後に残ったものが「生きがい」だと判断するのです。

スクールでikigaiワークをやってみると、皆さんワイワイ言いながら、楽しんで付箋を書いていらっしゃる様子です。あまり時間をかけすぎず、20分くらいで一気に書き出してしまうのがコツです。

「なかなか書けないな～」「好きなことって何だろう？」

と頭を抱えていらっしゃるのは、どちらかというと男性の方、またご年配の方や、専門職でずっとやってこられた方などが見受けられます。それまでのキャリアがある分、自分を枠にはめてしまい、柔軟な発想ができなくなってしまうのかもしれません。

自分のリソースを付箋に書き出し終えたなら、その付箋をikigaiワークの４つの円からなる図の、①好き、②得意、③お金になる、④需要がある、の箇所に移し替えて置いていきます。こうして自分のリソースを書いた付箋をikigaiワークの該当する円の箇所に貼り終えるまでが、ステップ１となります。

「ikigai ワーク」ステップ2：人生における現在地を探る

ikigaiワークのステップ2からは、自分のリソースが書かれた付箋を中心の「生きがい」に向かって移動させながら、不要なものを省いていく作業になります。

現在、ikigaiワークの図にある「好き」「得意」「お金になる」「需要がある」という4つの円の部分に付箋が置かれています。

この付箋を、反時計回りに移動させるような形で、2つの要素が重なる領域に張り替えます。

Ⅰ.「好き」かつ「得意」＝情熱（Passion）
Ⅱ.「得意」かつ「お金になる」＝専門性（Profession）
Ⅲ.「お金になる」かつ「需要がある」＝天職（Vocation）
Ⅳ.「需要がある」かつ「好き」＝使命（Mission）

例えば、「好きなこと」として書いた付箋の中から、「好きで、なおかつ得意なことは？」

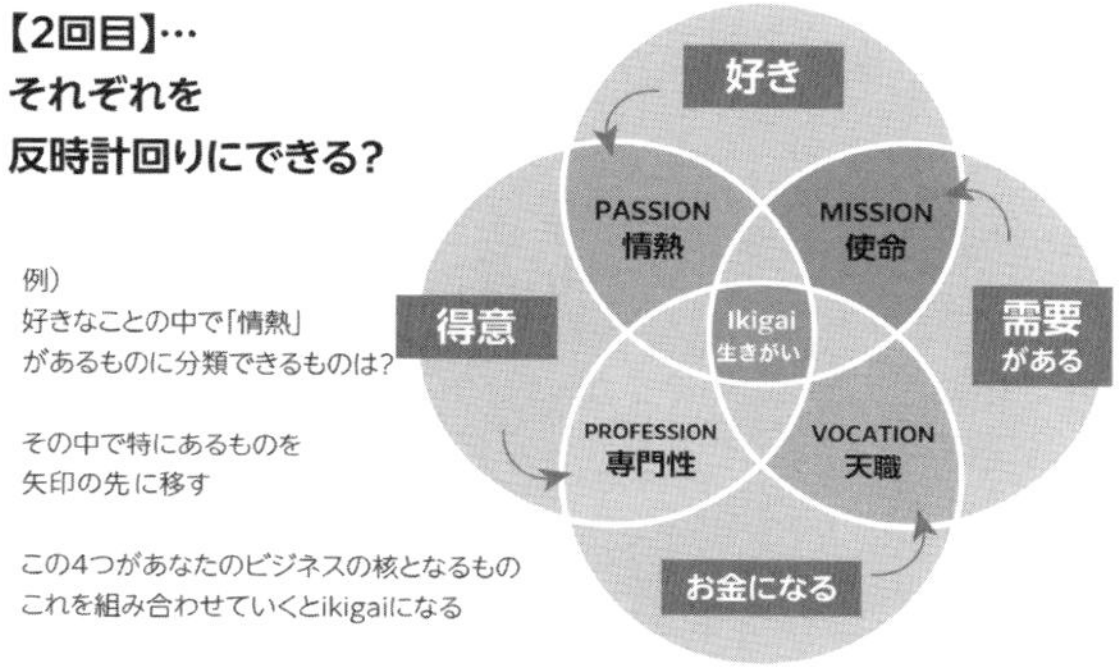
【2回目】…
それぞれを
反時計回りにできる？
例）
好きなことの中で「情熱」
があるものに分類できるものは？
その中で特にあるものを
矢印の先に移す
この4つがあなたのビジネスの核となるもの
これを組み合わせていくとikigaiになる
好き
得意
需要
がある
お金になる
PASSION
情熱
MISSION
使命
PROFESSION
専門性
VOCATION
天職
Ikigai
生きがい

という観点で見直してみて、合致する付箋があれば「情熱」の領域に移動するのです。そして、好きなことであっても、「情熱」の領域に移動できなかった付箋は、この段階で外していきます。

　同じように、「得意で、なおかつお金になることは？」に当てはまる付箋は「専門性」の領域に、「お金になり、なおかつ需要があることは？」の付箋は「天職」の領域に、「需要があり、なおかつ好きなことは？」の付箋は「使命」の領域に、それぞれ移動します。移動できなかった付箋は省いていきます。

「情熱・専門性・天職・使命」という４つの領域は、自分自身の人生においての現在地を表しています。４つともそれぞれポジティブな言葉のように見えますが、それだけでは不十分であり、「生きがい」にはまだなり得ないのです。

「情熱」の領域は、好きで得意なため楽しいかもしれませんが、お金が稼げないために将来への不安がつきまとってしまいます。

「専門性」の領域は、得意なことでお金が稼げて快適ですが、心から湧き上がる愛情がないので、空虚さを抱えています。

「天職」の領域は、仕事が社会のためになっていて一定の満足感はありますが、自分自身がやりたいと思うものでないため、情熱が足りません。

「使命」の領域は、自分が興味のあることが社会的にも重要だとわかっているのですが、それを世の中に伝えるための技術が不足している状態です。

このように付箋を手で動かすことによって、自分自身とそのリソースが現在どのような位置にあるのか、現状把握ができます。

なお、移動させることができずに省いた付箋も、捨ててしまわずに、最初に4要素に分類したシートに貼りなおしておきましょう。

「この付箋は、なぜ省いたのか？　なぜ次の領域に進めなかったのか？」

この点に着眼し整理することで、いったん省いた付箋が別のタイミングで戻ってきて、新しい生きがいの種になることもあるのです。

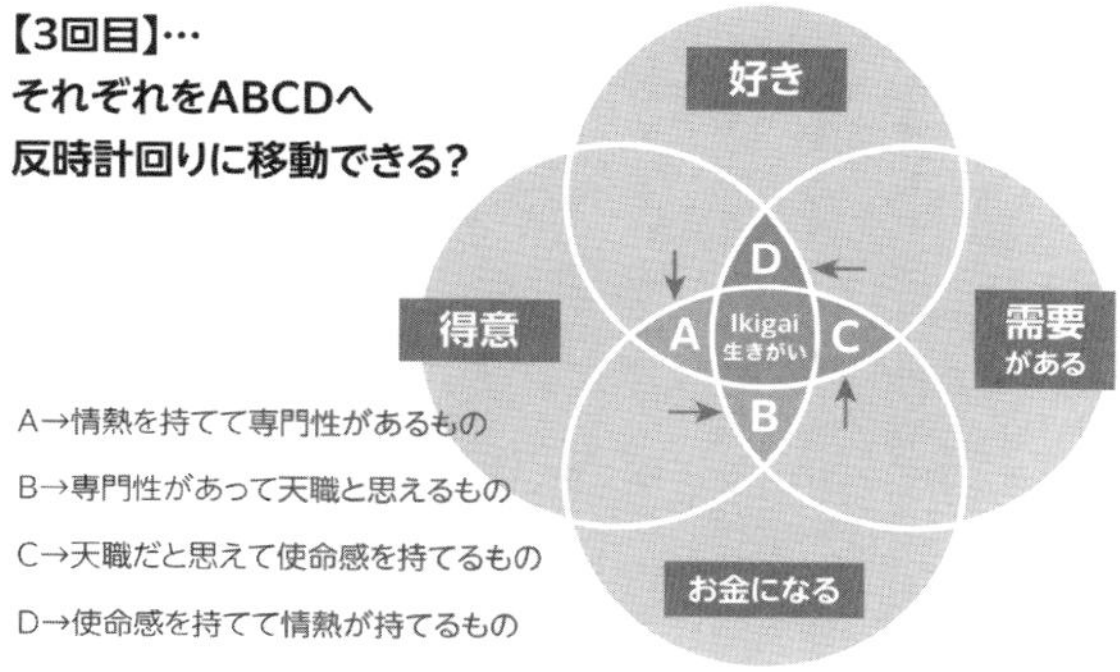
【3回目】…
それぞれをABCDへ
反時計回りに移動できる?
好き
得意
需要
がある
お金になる
D
A
Ikigai
生きがい
C
B
A→情熱を持てて専門性があるもの
B→専門性があって天職と思えるもの
C→天職だと思えて使命感を持てるもの
D→使命感を持てて情熱が持てるもの

「ikigaiワーク」ステップ３：自分の内面を絞り込んでいく

ステップ3では、さらにもう一段階、自分の生きがいに向かってギュッと付箋を絞り込んでいきます。

いま、「情熱・専門性・天職・使命」の４領域に付箋が貼ってあるはずです。

その付箋を再度、次のAからDの領域に向けて反時計回りに移動させていくのです。

A．情熱を持てて専門性があるもの（＝好き＋得意＋お金になる）

B．専門性があって天職だと思えるもの（＝得意＋お金になる＋需要がある）

C．天職だと思えて使命感を持てるもの（＝お

金になる＋需要がある＋好き）

D．使命感を持てて情熱が持てるもの（＝需要がある＋好き＋得意）

つまり、「情熱」に貼られた付箋のうち、「専門性」があるものはAの領域に移動し、そうでない付箋は省いていくのです。同じように、「専門性」に貼られた付箋で「天職」と思えるものはBへ、「天職」に貼られた付箋で「使命」を感じるものはCへ、「使命」に貼られた付箋で「情熱」が持てるものはDへ、それぞれ移動します。移動できなかった付箋は省いていきます。

ステップ3で残った付箋は、最初に挙げた生きがいの4要素（好き・得意・お金になる・需要がある）のうち、3つの要素を備えているということになります。

おそらくこの段階までくると、付箋の数もかなり絞られてきているはずです。

あなたの「生きがい」の候補が、この中にあるのです。

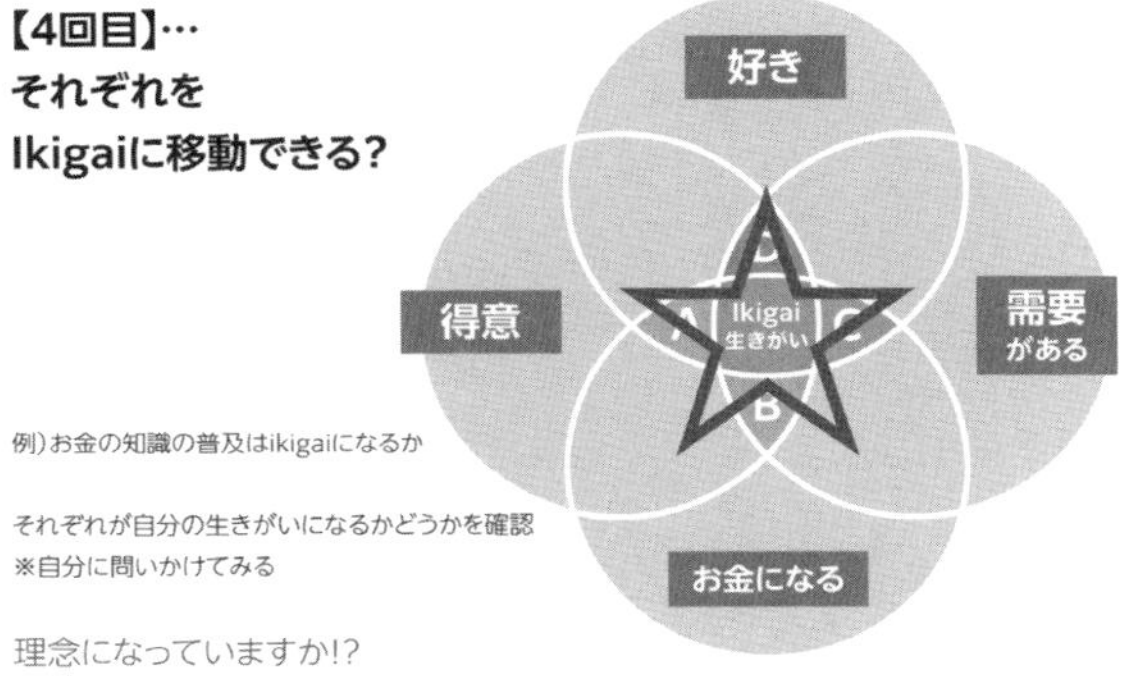
【4回目】…
それぞれを
Ikigaiに移動できる?
好き
得意
需要
がある
お金になる
Ikigai
生きがい
A
B
C
D
例）お金の知識の普及はikigaiになるか
それぞれが自分の生きがいになるかどうかを確認
※自分に問いかけてみる
理念になっていますか!?

「ikigaiワーク」ステップ４：それがあなたの生きがいになりますか？

最後のステップ４で、Ａ・Ｂ・Ｃ・Ｄに残った付箋の中から、「ikigai」へと落とし込んでいけるものを探します。それぞれの付箋に書かれた内容が、自分の生きがいになるかどうかを、自分に問いかけてみるのです。

例えば私の場合では、このikigaiワークを通じて「お金の知識の普及」というものが生きがいになると発見できました。

お金の知識やノウハウが好きで、得意で、それを広めることは自分の収入にもなりますし、世の中からの需要もあるのです。そして、生きがいを仕事にしているからこそ、ストレスもなく楽しく続けることができます。

さらにikigaiワークを通じて「なぜそれをやるのか？」を考え抜いた結果、「未来の子どもたちの豊かさのためにお金の知識を広めていく」

という理念も確立することができました。


ikigaiに移動できた付箋が何色だったかも重要なポイントです。

最初に付箋に書き出した際、「好き・得意・お金になる・需要がある」の4要素ごとに色分けしていたはずです。場合によっては複数個所に同じキーワードの付箋があったとしても、最後に残った付箋の色を見れば、自分の生きがいが「好き」から生まれたのか、それとも「需要がある」から生まれたのかが一目でわかるはずです。すると、

「自分は得意なことよりも、好きなことが生きがいになるタイプなのだ」

というように、自分の傾向性について理解が深まるのです。


ikigaiワークを1回やっただけで自分の生きがいが出てくる人もいれば、2回や3回やってもなかなか生きがいにたどり着けない人もいます。1回やって生きがいが出てこなくても大丈夫ですので、少し時間をおいてもう一度やってみるといいでしょう。

ikigaiワークをやり直してみる時のヒントになるのが、ステップを進める過程で省いた

付箋の存在です。省いた付箋を眺めているうちに、いろいろな考えが浮かぶはずです。「これは『好き』だと思って書いたけど、実は『得意』のほうがしっくりくるかもしれない」「これは『得意』で『お金になる』し、『需要もある』。それなのになぜ『好き』じゃないのだろうか？　何か原因があるのかな？」

こうした疑問が出てきたら、自分史年表と掘り出しワークに戻って、解明できるまで考えてみるのです。

自分史ワークとikigaiワークを循環しながら、自分の感情をぐるぐると回していって、一つの核となる生きがいを見つけ出していく。自分の腑に落ちて納得した生きがいだからこそ、ビジネスを始めてからも走り続けることができるのです。

私のスクールでも受講生には必ず自分史ワークとikigaiワークをやってもらいます。「何これ楽しい！」とか言いながら、ワイワイ、キャーキャー騒ぎながらワークをしています。

ぜひ読者の皆さんも、肩肘はらずにリラックスして楽しくやってみてください！

理想顧客の「不」の書き出しが見つけてくれる事業コンセプト

これまでは、個人起業家、すなわちあなた自身のことを掘り下げて考えてきました。

今度は、商品やサービスにお金を払ってくださるお客様のことを掘り下げてみましょう。

商品やサービスを効率的に消費者に届けたり、消費者のニーズを満たすために行う商品計画や市場調査などのことを、一般的には「マーケティング」と呼びます。

しかし、「マーケティングをしっかりやって消費者のニーズを知ろう！」などと気張ってみたところで、実際に何をすればいいのかわからず、戸惑ってしまいますよね。

そこで私のスクールでは、

「理想の顧客の『不』を100個、書き出してみましょう！」

というワークを行っています。

「不」とは、「不安・不満・不便・不快・不自由……」などの言葉を指します。自分のビジネスで想定している理想の顧客が、何に困っているのか、何に悩んでいるのかを考え、それを100個書き出してみるのです。

世の中のビジネスの需要は、誰かの「不」から始まり、その「不」を解消できる商品やサービスが求められます。理想の顧客となるお客様の「不」を具体的にイメージし、自分の商品やサービスで解決できるのはどれか、あぶり出していく作業です。

例えば私のスクールの場合ですと、お客様である生徒さんの「不」、つまり悩みにはこんなことがあると考えられます。

・会員制がつくれない
・安定収入がない
・ビジネスを組み立てられない
・商品が作れない
・集客できない……等々

このようにお客様の悩みを書き出していき、それを解決するにはどうしたらよいのかを考えます。その「不」を解消できる商品やサービスを自分は持っているのかどうか。もし自分が持っていないのだったら、それを持っている他の誰かを連れてくることで解決できないかどうか。このように考えを進めていくことで、事業コンセプトがより具体的になっていきます。

「『不』を100個も書き出すのは大変だ」

と思うかもしれませんが、実際に授業でやってみると、皆さんけっこうすいすいと書き出していかれ、多い人は300個ほど書き出してしまいます。

お客様の「不」を意識して、需要を探し続ける姿勢は、ロングランビジネスを育てるうえで不可欠な取り組みです。

即席カップ麺のロングセラー商品「日清のどん兵衛」は、1976年に最初の商品であるきつねうどんが発売されます。実はその当初から、東日本向けと西日本向けとではつゆの味に違いをつけていました。

関東の人が関西向けの薄いつゆのうどんを食べたら、

「こんなの味が薄くて物足りない！」

と不満に思うでしょう。逆に関西の人が関東の黒いつゆのうどんを食べたら、

「つゆが真っ黒で気持ち悪い！　しょうゆ味が濃すぎる！」

と、これまた不満を持つはずです。

お客様が持つであろう「不」を想定したうえで商品開発をしたからこそ、「どん兵衛」は現在にいたるロングセラー商品になったのです。

余談ですが、現在は北海道限定商品や九州限定商品などもあり、地域ごとの味の違いを

表した商品展開はさらに進化している様子です。

自分のビジネスのコンセプトを考えるうえで、まずは１００個の「不」を書き出すところからスタートしてみましょう。

多くの人の「不」を解決するUVPをつくる――「自分の強み」と市場価値の発見

お客様の「不」の書き出しを終えたら、「その『不』を私はこうやって解決します！」という解決法を提案し、それをいかに伝えるかについて考えていきます。

これを「ＵＶＰ（価値提案／Unique Value Proposition）」といいます。「Unique＝独自」の、「Value＝価値」を「Proposition＝提案」するという意味です。

マーケティングの世界では、似たような概念として「ＵＳＰ」が使われることのほうが多いです。「Unique＝独自」の「Selling＝ウリ」を「Proposition＝提案」する、自社独自の強みの提案という意味です。

この２つの言葉は似ていますが、ＵＳＰが「独自のウリ（強み）」という自社側から見た視点であるのに対し、ＵＶＰは「（お客様にとっての）価値」に重きを置いている点で異なります。私は、お客様にとっての「不」を解決できるところに価値があるという考え方から、UVPを用いています。

さて、お客様の心をつかむUVPとはどのようなものか、実例を挙げてご説明しましょう。

・「吸引力の変わらない、ただひとつの掃除機」（ダイソンの掃除機）

掃除機は、利用者のアンケートをとると「使っているうちにだんだん吸引力が下がる」というのが不満のトップだそうです。その点を改善したのがダイソンの掃除機でした。ダイソンは「吸引力が強い」とは言っていません。お客様にとって、「吸引力の強さ」は価値にはならず、「吸引力が落ちない」ことに価値があることがわかっているからです。

・「お口でとろけて、手にとけない」（M&M's のチョコレート）

M&M's のチョコレートは、表面を砂糖菓子でコーティングされ、夏場など暑いときにチョコレートが溶けたり、手がべとついたりしないようにされています。第二次大戦中、南太平洋に展開していたアメリカ陸軍兵士へ支給されたチョコレートが暑さでとけてしまい、甘いものを楽しみにしていた兵士たちからの不満を解消しようと開発されたのがM&M's のチョコレートでした。手にとけないチョコレートは、子どもが食べても手や服を汚さないことから、世界中のお母さんたちから人気となったのです。

・「焼きたてのピザを30分以内にお届けする」（ドミノ・ピザ）

日本の宅配ピザのパイオニアであるドミノ・ピザは、1960年にアメリカのミシガン州で第1号店がオープンしました。その当時から、「ハンドメイドならではの味を食卓に届ける」「30分を超えた場合は50セント引き」を掲げて、お客様の支持を集めました。ピザがおいしいのは当たり前で、そのうえで「30分以内に届ける」というお客様にとっての価値を高らかに宣言したことで、世界的なブランドに成長したのです。

ここで挙げたダイソン、M＆M's、ドミノ・ピザは、どれも世界的な大企業ですが、その取り組みは個人起業家の私たちにとってもヒントに満ちています。

お客様にとっての「不」は何なのかを洗い出し、それを改善して、エッジを効かせたコピーによって世の中にわかりやすく「私たちの商品があなたにとって一番価値がありますよ」と伝えているのです。

ただ単に「おいしい」や「技術的に優れている」では、お客様にアピールできません。あくまでもお客様にとっての価値は何なのかが出発点だということが大切なのです。特にいまは、自分の人生にとって何がプラスなのかを一人ひとりが見極める時代です。「みんなと一緒じゃなくてもいい」という時代だからこそ、お客様の「不」の洗い出しが不可欠です。

実はサブスクモデルは、お客様の「不」を拾い上げるのにも最適な仕組みです。アンケート調査をするにしても、会員として継続してもらっている方々に聞くことができます。

「この商品やサービスを改善するための意見を寄せてください。皆さんの『不』を教えてください」

すでにサブスクのコミュニティのメンバーになっている人たちに、このように呼びかければ、皆さん他人事ではありませんから、きちんと的確なレスポンスが返ってくるのです。その声を拾い上げて、改善し、フィードバックしていくことで成長していけます。

こうしたサブスクの性質を有効に活用しているのが、1987年創業の化粧品メーカーのオルビスです。

オルビスは2013年に開設した公式LINEの友だち数が、なんと3300万人にのぼります（2020年7月現在）。そのコミュニティを活用し、利用者から声を吸い上げ、何に不満があるか、そして何を改善したらよいかを常に研究しています。また改善した商品はお客様に体験してもらい、またフィードバックをもらうというサイクルが確立しているのです。

すでに自分のところに来てくれたお客様は、自社商品の顧客層に合致しているのは当然です。外部でランダムにアンケートなどをとるよりも、自社のコミュニティのなかから声を拾い上げ改善を続けるほうが効率的なのは言うまでもありません。

そして、お客様も自分たちの要望が商品に反映されることで、オルビスから離れる理由がなくなります。結果として、一人のお客様が生涯に使うお金「ＬＴＶ（ライフタイムバリュー）」が高くなるのです。

これがサブスクモデルの真骨頂なのです。

スタートアップ時の「よくある質問」

それではここで、サブスクモデルを始めるにあたって多くの人から寄せられる「よくある質問」についてお答えしておきましょう。

・初期投資、あるいは毎月の経費にはいくらぐらいかかるのか？
初期投資はかかりませんので、その気になればゼロ円でからスタートできます。

もちろん、施設を利用したり、何らかのモノを扱ったりするサブスクであれば、設備投資でそれなりのお金が必要になるでしょう。しかし個人起業家が立ち上げるコミュニティ型のサブスクであれば、初期費用は非常に低くおさえることができます。

コミュニティの管理は、普段から皆さんがお使いのLINEやFacebookといったSNSのアプリを用いればよいわけです。またセミナー等を開催するにしても、オンライン会議を使えば会場費もかからず、メンバーにとっても物理的な制約がないため参加しやすくなり、一石二鳥です。

オンライン会議システム「Zoom」では、無料プランでは会議時間や参加人数に制約がありますので、有料プランにする必要があるでしょうが、それでも毎月1600～2600円程度です。

サブスクモデルで大切なのは「小さく始めて大きく育てる」と申し上げましたが、費用という面でも最初は限りなく小さくすることができるのです。

・会費などの料金設定はどうやって決めるのか？

サブスクにかぎらず、ビジネスを立ち上げた人たちが頭を悩ませる難しい問題が「料金設定」です。

ポイントは、「料金は最後に決める」ということです。

失敗するパターンとしては、

「毎月の売上がこれくらいは欲しいから、一人につき会費は月５０００円にしよう」

みたいな考え方があります。これは完全にお客様を置いてきぼりにしている考え方ですので、お客さまとして本当に来てほしい層の人たちが来なくなってしまいます。また、せっかく入会してくれた会員さんが続けられなくなる原因にもなります。料金から入るのではなく、最後に決めるようにしてください。

それでは、料金はどのように決めていけばいいのでしょうか。

「カスタマージャーニー」という言葉があります。直訳すると「顧客の旅」となりますが、自分のビジネスが理想の顧客とする層の動き（行動・思考・感情など）を時系列で見える化したものです。

「自分のサブスクはどういうお客様に来てほしいのか？（年齢・性別・職業など）」

「そのお客様の収入はいくらぐらいなのか？　毎月何円までなら負担なく続けられるか？」

例えば年収３００万円台の20代女性を理想の顧客とするのであれば、その人は毎月いくらだったら負担感なくサブスクの定額料金を払っていただけるのか？　こうしたことを、理想の顧客となるお客様のライフスタイルを具体的にイメージしながら考えていくのです。

大手企業が行っているサブスクモデルでも、マーケティング段階でカスタマージャーニーの徹底的な研究がなされています。

理想の顧客層がいくらの料金なら価値を感じてくれるのかをまず考え、その価格帯で商品を提供するにはどの程度の原価率やロットが適切なのかを検討していくのです。すでに自社ブランドのファンを多数つかんでいる企業ならともかく、一般的には商品ありきではなく、お客様ありきで料金を決めているところがほとんどでしょう。

「料金は最後に決める」「料金はお客様ありきで決める」という鉄則を忘れないでください。

・提供する商品やサービスのボリュームを決めるポイントは？

サブスクモデルで提供する商品やサービスの量、あるいは提供するタイミングをどうするのか、悩まれる方も多いと思います。

提供する商品やサービスのうち、何が「メイン」で、何が「サブ」なのかを分けて考えると、スッキリするかもしれません。

ジャンルによって違いますので一概にいうのは難しいのですが、一例として、筋トレのパーソナルトレーナーのサブスクで考えてみましょう。

そのサブスクでは、「毎月1回、90分間、みんなで集まってトレーニングする」ということがメインのメニューだとします。仮にその月1回のトレーニングだけで、毎月1万円の定額だとしたら、どうでしょうか？　やや高いと思う人が多いのではないでしょうか。

主催者としては、「メインメニューのトレーニングに役立つものは何か」という観点で、サブメニューの提供を考えていくのです。

参加するお客様の立場からすると、

「集まって行うトレーニングは月1回だとしても、そこで周りの人に見られることを考えると、当日までにある程度は体型を絞っておきたい」

と思うのが自然かと思います。すると、どんなサブメニューが考えられるでしょうか？

「トレーニングを継続する日常的なメンタルの保ち方」「寝ながらできるストレッチ」「毎日3分で体型キープ」「食事アドバイス」「サプリメントの効果的な使い方」……

参加者が興味を持つと思われるこうしたコンテンツの動画を撮ってアップしておく、あるいはサプリメントを安く購入できるリンクを貼っておく、ということも考えられるでしょう。

あくまでもメインメニューは月1回のトレーニングですから、サブメニューはメインをフォローするために必要なコンテンツという位置づけです。時期によって変化するものというよりは、基本的な原理原則を示したコンテンツにしておき、一度アップしたらしばらくは使える内容にしておくのがよいでしょう。

メインとサブのメニューを準備したうえで、後はSNS上で参加者とのコミュニケーションをこまめにとっていくことです。そのコミュニティに所属すること自体に価値を感じてもらえるようになるからです。

しかし、例えばライザップのように毎日の食事を写真に撮って送らせるなど、日々のコミュニケーションを義務づけるやり方は、運営側にも相応の労力がかかります。すると逆に、毎月1万円の定額では割に合わなくなりますので、高額の商品になってしまいます。そうすると理想の顧客層に合った料金設定から外れてしまう恐れがあります。

「これだけの量を出しているのだから、このくらいは払ってもらわないと」という発想になってしまい、先に述べた「料金から先に決める」という失敗パターンにはまってしまうのです。

サブスクモデルにおける商品やサービスに対するフォローアップは、SNSを使ったコミュニケーションで補うことができます。そのコミュニケーションによって培われる共感も大事な要素です。しかし、コンテンツがありすぎると、分厚い説明書を渡されたような状態になって参加者は戸惑ってしまいます。これではせっかくサブスクのコミュニティに所属しても、感情的な充足を得ることができません。

金額的にも、また労力の面でも、参加者が負担なく継続できる適切なコンテンツ量を見極めて提供していきましょう。

・起業したての頃はどうやって集客するのか？

「集客」についての質問もよくお受けします。

これも、サブスクの鉄則である「小さく始めて大きく育てる」を忘れずに、自分がフォローできる範囲の人数でスタートすることが、個人起業家にとっては大切なのです。

集客といっても、いきなり多くの人を集めるイメージは捨ててください。最初は、自分の知り合い、あるいは知り合いの知り合いといったレベルで、数人から多くて10人程度のスタートでも十分なのです。

そこに集まってくださった人の声をよく聞き、試行錯誤して改善していく。その思いが共有できれば、最初の数名の参加者が口コミで周囲に伝えてくれたり、ＳＮＳでつぶやいたりすることで、少しずつ人の輪が広まっていきます。

いきなり宣伝などにお金をかけて集客しようとするのは悪手です。自分がやろうとしていることに対して、興味がありそうな人に声をかける。既存の人脈から始めるので十分なのです。

・ＳＮＳをどう活用するか？

サブスクモデルを行うにあたって、ＳＮＳは必要不可欠なツールといえます。

多くの人が使っているＬＩＮＥやFacebookなどで、サブスクのコミュニティのグループをつくれば、よけいな費用をかけることなく情報発信の環境を整えることができます。

しかし、ただ単に情報を伝える手段としてＳＮＳをとらえるだけではもったいない。興味や関心が同じ人が手軽につながれるのがＳＮＳのメリットです。リアルな場でも、共通の趣味がある人同士でワイワイおしゃべりするだけで楽しいですよね。

ですからＳＮＳでも、とにかくコミュニケーションの頻度を高めることを意識してください。

「私、人と話すのが苦手なんです」という人でも、ＳＮＳ上であればテキストがメインのやりとりですから、対面のように緊張する心配もありません。

「コミュニケーションをとるといっても、そんなに毎日ネタがないよ」

と思う人は、参加者の皆さんに何か質問をするのがいいでしょう。

「何に興味がありますか？」

「最近、困っていることはありませんか？」

「今年中に叶えたい願い、ベスト3を挙げてください！」

このような感じで、何でもいいですから質問してみると、それに対する参加者の答えからどんどんコミュニケーションは展開していきます。

Facebookの友達の投稿に「いいね」をしたり、コメントをするだけで、実際には何年も会っていないのにいつも会っているかのような感覚になることがありますよね。SNSは、ネット上で人間関係を構築、維持できる便利なツールです。そのため、情報発信の手段として活用するのはもちろん、他愛のないコミュニケーションを重ねるだけでも、そのコミュニティの価値は高まっていくのです。

・悪い評判を出さないためにどうすればいい？

サブスクは継続することで価値が高まるビジネスモデルです。

いったん始めると終わりがありません。そのため、一度、悪い評判が出てしまうと、そのイメージを払拭するのが難しいという面があります。

例えば6カ月間の期間限定のスクールであれば、悪評が出たとしてもその6カ月を終えてしまえば参加者とはサヨナラしますので、仕切り直すことができます。しかしサブスクのコミュニティは継続していきますので仕切り直しが難しく、なおかつ会員間で悪評が広まるスピードも早いのです。

そのため、悪い評判が起こらないように細心の注意をすることが必要です。

よくある失敗としては、「参加者を集めるだけ集めて、何もしない」というパターンがあります。あるいは、参加者の不満が起こりがちなのは「料金と内容が見合わない」ということです。こうした悪評は、コミュニティ内であっという間に広まります。

こうした失敗を防ぐためにも、本章で説明した「ikigaiワーク」をきちんと行い、自分自身の生きがいに直結しているのかどうか、参加者に思いが共有できるかどうか、よく考えてサブスクモデルを組んでください。

始めてしまったらずっと続いていきますので、「これだったら自分はやり続けられる」という確信を得るためにも、「ikigaiワーク」は不可欠なのです。

継続的に成功するためには「急がば回れ」です。何回やっても上手くいかない人というのは、やはりサブスクモデルと自身の生きがいが一致していない可能性が高いかもしれませんので、時間がかかるかもしれませんが、「ikigaiワーク」には真正面から取り組んでみてください。

・つかんだ既存顧客を離さないために必要なこととは？

サブスクモデルに参加してくれた既存顧客に対して、コミュニケーションを重ねたり、ニーズを聞いたりするのは大切ですが、決して自分のもとにつかまえようとはしないでください。

お客様をつかもうとすると、息苦しくなって逆に離れていってしまいます。恋愛や友人関係にも似ていますが、どんなに好きでも相手の感情を無視してしばりつけるような関係では、気持ちも離れていきますよね。

サブスクモデルも同じです。ですから、「大きな箱を準備してあげて、そのなかで自由にくつろいでもらう」という程度のイメージでちょうどいいのではないかと思います。

その箱の中には、知識を得るための映像があったり、仲間同士で意見交換できるスペースがあったりして、会員は自由にそのサービスを使うことができる。他の参加者に迷惑をかけない程度の、最低限の規則だけ守ってもらう。疲れたら片隅で休憩していてもいいのです。

出入口だけはっきりさせておけばいいので、なるべく自由にしてもらうようなコミュニティづくりを心がけましょう。

持続発展型サブスクモデル。ＰＤＣＡでさらに成長！

サブスクモデルで起業したら、定期的に「ＰＤＣＡ」のサイクルを回すことによって、さらに成長することができます。

ＰＤＣＡとは、経営におけるポピュラーな管理手法の一つです。

①ＰＬＡＮ（計画）→②ＤＯ（実行）→③ＣＨＥＣＫ（評価）→④ＡＣＴＩＯＮ（改善）この４つのステップを繰り返しながら、次の計画に改善した結果を反映し、業務の質を継続的に向上させていく手法です。聞いたことがある方も多いでしょう。

ＰＤＣＡサイクルを効果的に回していくにはコツがあります。

それは、「小さく回して検証を繰り返す」ということです。

例えば、メールマガジンのリスト数の目標が１０００人として、そのためのＰＤＣＡサイクルを回すとしましょう。この場合に、

「３カ月間にメルマガのリストを１０００人獲得する」

という形でＰＤＣＡサイクルを回そうとしてもおそらく失敗するでしょう。理由はＰＤＣＡサイクルが大きすぎて、１回転させるのに時間と労力がかかりすぎるからです。

それよりも、過程をより細分化して、小さいサイクルを回すようにしましょう。

「1週間で10人のリストを獲得する」

このような形でＰＤＣＡサイクルを設定し、1週間、実行してみる。結果として10人のリストが獲得できたら、次は「1週間で20人のリストを獲得する」と計画を上方修正してもいいでしょう。もし10人獲得できなかったなら、「どこがいけなかったのか？　改善できるポイントはあるか？」と検証し、改善するのです。

また大きな目標は変えずにそのなかで回すサイクルを細分化、複数にしながら小さく回すことで、改善も早くできます。大きなサイクルで回そうとすると、失敗した時のダメージが大きくなってしまいます。起業したての頃は失敗することも多いので、ダメージが少ないうちに早めに改善ができ

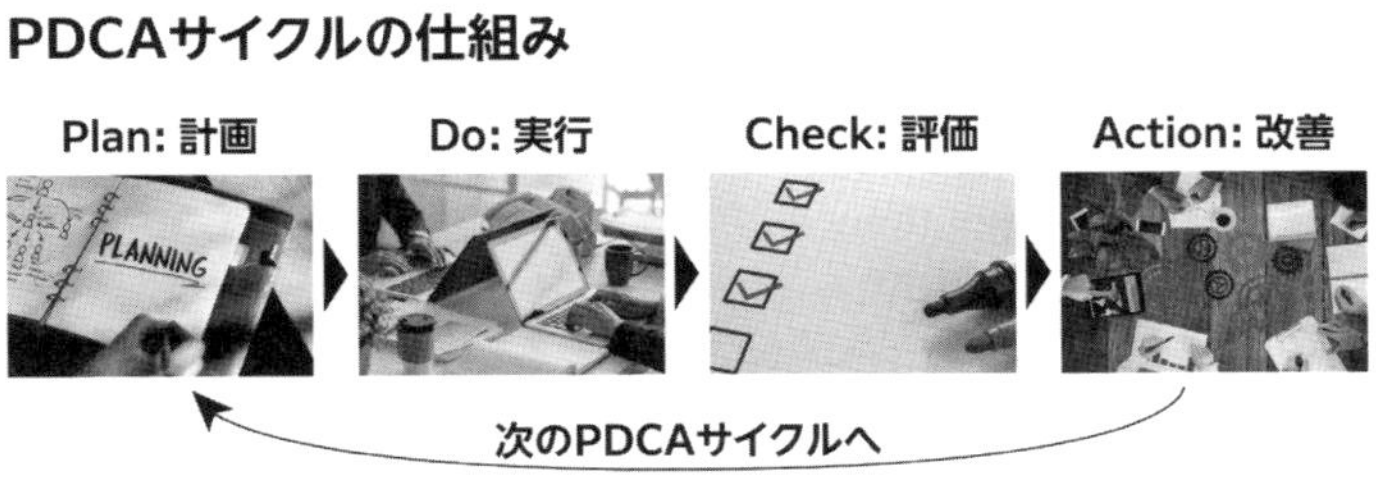

PDCA サイクルの図

るようなＰＤＣＡサイクルの設定を心がけてください。

一つの大きな目標に対して一つのＰＤＣＡサイクルを回すのではなく、業務の過程を細分化して複数の小さなサイクルを高速で回していく。そして、検証や改善もこまめに行っていく。これが、あなたのビジネスを加速させていくコツです。

サブスクモデルの場合、参加者とＳＮＳなどでコミュニケーションをとる機会も多く、ニーズも拾い上げやすいのが特徴です。せっかく拾い上げた意見に対して、３カ月後に大きく改善するよりも、小さくても翌週に改善したほうが、参加者にとっても「私の声をきちんと聞いてくれている」という実感につながるはずです。サブスクモデルのメリットを最大限に生かすためにも、ＰＤＣＡサイクルはなるべく小さく回していきましょう。

社会とつながり続ける柔軟モデル。人生１００年時代を豊かに生きる

サブスクを用いれば、社会とつながりながら、柔軟に変化していくビジネスモデルを構築することができます。

ですから何歳から始めても遅すぎることはありませんし、「やりたい」と思った時が最

適なタイミングなのです。そのビジネスが自分自身の生きがいに直結しているわけですから、やったほうが充実した人生を送ることができるのは言うまでもありません。

しかし、いったん始めたからには責任が伴います。だからこそ、本当に自分がやりたいと思うことでサブスクモデルを始めてほしいと思います。

サブスクは柔軟なビジネスモデルですので、お客様の声を聞き、ＰＤＣＡを細かく回しながら、時代に合わせてどんどん変化（あるいは進化）させていってください。

「一度、始めたからには、このやり方でずっとやるんだ」

というような頑なな考え方はむしろ自分自身を苦しめます。社会環境が変化するスピードも早い時代ですので、よりクオリティの高いものへとどんどんステップアップしていきましょう。お客様の声を聞き、「不」を解消する視点を忘れなければ、発信するコンテンツがネタ切れを起こすこともないはずです。

また、毎月毎月、自分自身で講義するのが大変になってきたら、コンテンツの部分は誰かに依頼をして、自分は運営に専念するやり方もあります。

自分がやりたいことが他に出てきたり、扱う商品やサービスに社会的需要がなくなったりした場合でも、そのビジネスにしがみつく必要はありません。場合によっては、サブスクモデル自体を誰かに売却してしまうこともできます。

扱う商品やサービスが異なったとしても、あなたにはサブスクモデルの経験とノウハウ、そしてコミュニティの参加者との人間関係が、かけがえのない財産として残っているのですから、また次の「生きがい（ikigai）」を探していけばいいのです。

第4章

持続発展可能な思考の目標設定が成功を呼ぶ

継続することが社会的使命

自分自身の「生きがい（ikigai）」から発したビジネスが、お客様の様々な「不」を解決する価値を提供できるならば、そのビジネスを継続すること自体が世の中のためになります。誰かの「不」を解決するビジネスは、社会全体をよくすることに直結するからです。

前章の「ikigai ワーク」でも触れた通り、私たちは単なるお金儲けの手段ではなく、社会貢献や、人のためになるものを広げていく手段として、サブスクモデルを使おうとしています。

すると、いったん始めたサブスクモデルは、継続していくことこそが世の中のためになり、社会的使命を果たすことになるのです。一人から始めたサブスクでも、社会に貢献できる。そういう認識で自信を持って続けてほしいと思うのです。

個人起業家は、長期継続でビジネスをやり続けることができれば、自分自身の生活も安定しますし、結果として幸福感が増します。

サブスクモデルの利点は、商品やサービスの受け取り手も同じように幸福感を持って続けていけるところです。高い金額を払うのではなく、負担の少ない低価格帯で自分の人生を豊かにする商品やサービスを受け取り続けられるからです。

継続することによって、人が人を呼んできて、人とのつながりがさらに広がっていきます。それに伴って社会への影響力も大きくなっていき、起業家としてステップアップしていくのです。

「私はそこまで大それたことをやるつもりはないんだけど……」

そう思う気持ちもわかります。

しかし、私たち個人起業家が大きな影響力を持っていなかったとしても、理念を掲げ明るい未来に向かって行くことで、それに共感してくれる人が出てくるのです。自分の思いは、「世の中に表現してこそ」価値を持つのです。発信しなければ、誰もあなたの思いに気づいてはくれません。社会貢献すること、社会につながっていることを恥ずかしがらずに、堂々と発信してください。

自分のビジネスを継続することが、日本だけでなく、世界、人類のためになる――。そのくらいの大きなスケール感でやっていきましょう！

サブスクはSDGs的ビジネスだから成功する

サブスクは、それ自体が持続可能なビジネスモデルだということを本書では述べてきました。

一般的なビジネスでは、どれだけ高額な商品やサービスだったとしても、それを一回売り切れば、また新しいお客様を獲得しなければなりません。

1年を通して考えるとすれば、1月にドーンと100万円の売上が出ても、2月から5月までは売上がゼロ。そして6月にまた商品が売れて100万円の売上が入り、その後は7月から11月までの5カ月間お客様を探し回り、年末の12月にまた100万円の売上を立てることができた……。これで年間300万円の売上になるというイメージです。

サブスクの場合、月額5000円で50人の会員を集めてスタートしたとすれば、毎月の売上は、5000円×50人＝25万円となります。年間を通じて会員数に多少の変動はあるでしょうが、仮に増減がなかったとすれば、25万円×12カ月＝年間300万円の売上です。

同じ300万円の売上でも、お客さまを集める労力や販売する労力を考えると、毎月一定のお客さまにサービス提供するサブスクモデルは、会員数に応じて毎月、安定した売上が見込めます。また、コンテンツを提供するリズムも週ごとや月ごとである程度決まっているでしょう。そうすれば労働時間や作業量も計算が立ちます。

毎月、確実に入ってくる一定の金額をもとに計画を立て、それでも足りなければ空いた時間で他の仕事をするのもいいでしょう。サブスクの新規会員獲得に労力を使っても構いません。本当はずっとやってみたかったこと、新規事業にチャレンジするのも大いに結構です。

いずれにしても、サブスクの安定収入をベースにして、起業家それぞれが自分なりの持続可能な経営戦略を考えることができるのです。

さらに、商品やサービスについても、サブスクのコミュニティに参加している会員さんからフィードバックを受けて改善し続けることができます。世間の流行り廃りに関係なく、ファンの声に耳を傾けて少しずつ変化していきながら、既存の会員さんには継続してもらいつつ、新しい会員さんの獲得にもつなげることができるのです。

毎月安定した収入があることで、腰を据えて長期的な目標や大きな理念を考えることができます。

社会貢献や社会とのつながりといっても、自分の生活が安定しない状況では絵空事になってしまいます。自分の足元の生活をしっかり安定させ、そのうえで世の中のためになる情報発信や商品・サービスの提供をする。このことを自分のマインドセットとしてしっかり持っておくことが大切です。

このようにサブスクは終わりなく継続していけるビジネスモデルですから、やろうと思えば10年でも20年でも、自らやめよう、と思うまで続けられるのです。その仕組み自体が持続可能性に満ちているので、ＳＤＧｓ時代にこれほどマッチしたビジネスモデルはありません。

さて、ＳＤＧｓと非常に近しい概念として、近年話題になっているのが「ＥＳＧ」という言葉です。

ＥＳＧとは、「Environment（環境）」「Social（社会）」「Governance（企業統治）」の頭文字をとった言葉で、これからの時代は投資の決定にあたって環境・社会・企業統治という3つの要素を重視すべきという考え方です。これが世界経済の潮流になっています。

個人起業家のサブスクモデルであっても、規模の大小にかかわらず、世界の潮流を無視することはできません。ＥＳＧという概念をきちんと理解してビジネスを進めていくことで、多くの人からの共感を得られ、結果的には持続可能なサブスクモデルになっていくのです。

環境とは、地球環境はもちろん、より身近な家庭や地域での生活環境、さらには人の心も環境といえます。社会とかかわりながら、周囲の環境に配慮し、関係者が納得する健全な統治のもとでビジネスを行う。この3つの要素のバランスを意識したサブスクならば、必ず共感の輪は広がっていくはずです。

一人ひとりが自分の思いを自由に発信できるのが現代のよいところです。しかし、いくら自由とはいえあまりにも自分勝手な考えでは、周囲の理解は得られません。サブスクモデルと非常に親和性の高い、SDGsやESGといった概念を意識しながら、社会での役割を考えていくことで、あなたのビジネスは成功に近づくでしょう。

目標設定を考えるうえで外してはいけないポイントとは？

サブスクはそれ自体が持続可能性を持っているのですが、いくらモデルとして持続できるものであったとしても、あなた自身のモチベーションが下がってしまえば続けることは難しくなります。

自分のビジネスへのモチベーションを保ち続けるには、適切な目標設定が不可欠です。

自分に合わない目標設定が負担になり、せっかく起業したのに途中でやめてしまう人を何人も見てきました。

サブスクもビジネスである以上、きちんと収益を上げなければいけません。そのために、毎月の売上や、獲得する会員数の目標を立てることもあるでしょう。毎月の売上がなければただのボランティアになってしまいますし、サブスクで売上を立てるにはある一定の会員数の確保が必要になります。

しかし、それらの数値目標は、あくまでも本当の目標を達成するための手段であると認識しておかなければいけません。

ビジネスは継続させることがとても難しい。それは、利益が出せずにやむを得ず撤退する場合もあるでしょうけれど、起業家自身のモチベーションが保てなくなることによって続けられなくなるケースもよくあるのです。

その多くは「燃え尽き症候群」です。

「1億円の売上を立てる」とか「会員数1000人を達成する」といった表面的な数字だけを目標に定めてしまうと、それをクリアした瞬間に、次に何をしたらいいのかわからなくなってしまうのです。

サブスクモデルで起業して、せっかく目標としていた会員数の集客もできたのに、そこで燃え尽きてしまう人もいます。また、1年、2年、そして10年と時間が経過していくうちに、どんどんモチベーションが落ちていってしまう人もいます。するど、会員さんへの継続的なフォローアップもできなくなり、クレームの嵐になって、最終的にはコミュニティが崩壊してしまう……。

これは、サブスクが失敗する時の典型的なパターンです。

ビジネスを長く継続させるためにも、目標設定は最初に「社会的使命」から考えるようにしてください。

売上も会員数も、「何のため」にその数字が必要かといえば、社会に価値のある商品やサービスを提供し続けるためです。それがあなたの「生きがい（ikigai）」であり「社会的使命」だったはずです。決して、自身の名誉や富のためだけではなかったと思います。

「持続発展可能な目標設定」というのは、そのビジネスをやるだけで自分自身の人生に意味があると思えるような、そして少しでも社会に貢献できるような、そんな社会的使命のことです。社会的使命がきちんと目標に据えられていれば、必然的に持続発展可能なビジネスとして長く継続できるのです。

社会的使命を目標のど真ん中に据えて、それを果たすためにはどんな手段が必要で、どれだけの数字が必要なのかを落とし込んでいくのです。この順番を間違えないようにしてください。

事例1　自分の人生が豊かになる婚活コミュニティ

ここからは、私のスクールで学びサブスクモデルで起業した生徒さんの事例をいくつかご紹介しましょう。

婚活コミュニティを立ち上げた生徒さんが何人かいます。

そのうちの一人であるAさん（女性）は、ご自身も既婚者なのですが、男性不信だった時期もあり、また大きな病気なども経験され、様々なご苦労をしてきた人でした。

自分の人生をこれからどうしていこうか？　自分の「生きがい（ikigai）」は何なのか？

Aさんは悩んでいると、ふと思い出したのが、他人の相談に乗って感謝されたことが何度もあったということでした。それも、恋愛や夫婦関係についての相談が多かったのです。

「こうやったら男性に好かれるんじゃない？」

「女性はそういうことやられると嫌な気持ちになるのよ」

こうした男女の感情の機微を、Ａさんは的確に伝えることができました。アドバイスを受けた人たちからは非常に感謝されていたのです。そしてＡさん自身も、他人の相談に乗ることで自分自身がエネルギーをもらえると実感していたのでした。

「私の経験をもとに話をしたら、世の中に感謝されるようになった。だったら、婚活や、パートナーとの関係に悩んでいる人にアドバイスをすることによって、その人たちを幸せに導くことができる」

Ａさんは自分の「生きがい（ikigai）」を「婚活アドバイス」に見つけました。そこで、サブスクモデルを用いて、女性向けの婚活コミュニティを立ち上げられたのです。

月会費は１万１２２０円。「いい夫婦」の語呂合わせです。

さて、Ａさんの婚活コミュニティの活動で面白いのは、別の方が運営する男性向け婚活コミュニティとジョイントしたイベントを定期的に行っていることです。

例えば、お互いのコミュニティからそれぞれ男女10人ずつが集い、お料理会のイベントを行ったりします。

一緒に料理をして、一緒に食べる。そして最後にディスカッションを行い、感想をフィードバックし合うのです。

女性参加者「料理をしている時に男性が後ろでウロチョロするのは非常にイライラするからやめた方がいいと思います」

男性参加者「確かに、後ろに立っているとすごくソワソワしていた感じがしました。これからは気をつけます」

こんな感じのやり取りを通じて、男性には女性の視点を、女性には男性の視点を伝え、そこでの学びを今後の人間関係に生かしていくことも目指しています。

ただ単に男女をマッチングさせればそれで終わりということではなく、もう一歩深いレベルで内面から成長し、人間として豊かになっていくことを目指す。そんなAさんの婚活コミュニティは盛況を続けています。

事例2　美容院が実現するジョイントベンチャー＆環境と人にやさしい事業

美容師のBさんは、東京都の神楽坂（新宿区）で、会員制の美容室をサブスクモデルで開業しました。神楽坂といえば、おしゃれなカフェやショップがある一方で、奥の路地に入れば江戸時代からの風情ある街並みが楽しめる、人気のスポットです。

Ｂさんが開業した神楽坂の美容室は、月額会費がなんと４万円。店舗は個室が２部屋のみです。会員さんは月に何度でも利用でき、カットやトリートメント、カラーリングやパーマ、スカルプ（頭皮）ケア、ヘッドスパなど、様々なサービスを受けることができます。お茶やアルコールも提供され、まるでサロンのような「大人の美容室」なのです。

Ｂさんは、もともと東京都板橋区で美容室を１店舗やっていました。

しかし美容室はお客様の来店数によって月ごとの売上がかなり変動します。毎月決まった周期で来店されるお客様もいれば、３〜４カ月に一度思い出したように来られるお客様もいます。他の美容室と併用していらっしゃる方もいますし、お客様を継続的につなぎとめるのがとても大変な業種なのです。

Ｂさんは、来店されたお客様のカットやパーマ、スカルプケアといった施術をするだけでなく、シャンプーや化粧水などの自社製品を開発したいという希望をお持ちでした。そのためにも月額制のサブスクモデルを導入して、売上を安定させたいと考えていたのです。

私のスクールで学び、サブスクモデルをつくるために試行錯誤した結果、板橋の既存店は維持しつつ、神楽坂にコンセプトのまったく異なる新店舗を出したのでした。

オープンして間もなくコロナ禍に突入しました。多くの店舗型ビジネスが苦戦するなか、Ｂさんの新店舗は完全個室のため感染の心配が少なく、会員は減るどころかむしろ増えていきました。月額制の定期収入が維持できたため、既存店舗の売上が上下しても経営は安定し、従業員の給料もきちんと払い続けることができたとBさんは喜んでいます。

また、個室を使いマンツーマンでケアしてくれるサービスが、お客様にも付加価値を生んでいます。

抗がん剤の影響で髪の毛が抜けてしまった女性のお客様がいました。Bさんの店舗なら個室でプライバシーが保たれますから、その方も安心して通うことができたそうです。Bさんはマンツーマンで丁寧なケアを施しながら、髪質に合ったカツラを用意して、お客様の要望を聞きながら調整すると、非常に喜ばれたそうです。

お客様の一人ひとりの状況に合わせたサービスを提供することで、月額4万円の美容室のサブスクモデルは、50人ほどの会員をキープして毎月の売上が約200万円と、安定軌道に乗っています。

Bさんは、当初の目標であった自社製品の開発にも着手。環境や人体にやさしいシャンプーを開発し、会員制のお客様に試作品を試してもらい、フィードバックをもらって改善し、他社とジョイントしたりして商品展開しています。

最近では、枕専用の香水を開発しました。寝る前にその香水を枕にシュッシュッとかけると、リラックスして安眠できるそうです。香りを楽しむと同時に、枕の消臭や除菌もできる優れものだとか。

様々な付加価値を生み出し、多角的な経営をしているBさんを見ていると、美容師という職業のイメージがよい意味で覆されます。

「この仕事は、こういうやり方でなければいけない」

という固定観念を捨て去って、自分のやりたいことや世の中のためになることを、どんどん実現していく。サブスクモデルがそのベースになっているのです。

事例3　「スピリチュアル」によって実現した、平等、自殺防止、雇用創出

続いては、「スピリチュアル（精神世界）」からの知見とサブスクモデルを組み合わせて起業したCさんの事例です。

スピリチュアルとは、特定の宗教に限定されない精神的・霊的な経験を広く指す概念ですから、スピリチュアルの言葉を冠したビジネスも多種多様なものがあります。日本では、毎日の運勢を見る「占い」をサブスクで提供するモデルはよく見られます。

Cさんは占星術や四柱推命、天星術などの豊富な知識をもとに、

「皆さんが自分の使命に気づいてもらいたい」

「自分は生きていていいんだ、幸せになっていいんだ、と確信してほしい」

という思いを、YouTubeの無料動画で配信していました。Cさんはアメリカ在住でしたので、現地からたった一人で、日本人に向けて発信し続けていたのです。その活動を持続可能なビジネスにするために、サブスクモデルを導入します。

Cさんは、なるべく多くの人に情報を届けたかったので、あまり高額な料金にするのは避けたいと考えました。結果として、月額で5ドル55セント（約700円）から111ドル（約1万4000円）までの価格帯でいくつかの料金コースを設定しました。現在では会員数は1000人を超えています。

当初、Cさんは無料で動画を配信していました。有料化にあたっては、「今まで無料だから見てもらえていたのに、有料にすると見てもらえなくなるのではないか」という不安もあったそうです。

そこで、有料化するにあたってユーザーの満足度を高めようと、会員専用のコンテンツページを整備したのです。それまで無料で配信していた数多くの動画を、内容ごとに体系立ててまとめなおし、見やすく整理しました。

すると、それまで無料で見ていた方々も「有料プランのほうが見やすい」と、続々と有料会員になってくれたのです。Ｃさんの懸念とは逆に、「有料にしてくれてコンテンツの質が上がった、ありがとう」という声が寄せられたこともありました。

もちろん、有料化したことでＣさん自身も安定収入が得られるようになり、活動を継続できるわけですから、典型的な Win-Win の関係になりました。

サブスクの会員が増えるにつれて、日本でのコミュニティ展開のために、Ｃさんは新たに人を雇い入れました。その人がＣさんの思いを代わりに日本で伝えていき、コミュニティが広がるとまた人を雇う……。こうして、一人から始まったスピリチュアルの発信が、人に役割を与え、雇用を創出していったのです。

もちろん、根本にあるのはＣさんの「日本人にもっと幸せに生きてほしい」という思いです。その理念から発信されたコンテンツが、会員の方々の人生に変化をもたらしています。

「Ｃさんの動画のおかげで、人生が変わりました」

「今まで自分ばかりが辛いと思っていたけど、そうではなかった。自分自身が何者かを知ることで、心の持ち方がこんなに好転するとは思いませんでした」

「この間まで自殺しようと思っていたけれど、人生をやり直すきっかけになりました」

こうした喜びの声が次々と寄せられ、幸せの連鎖をつくりながら、コミュニティも広がり続けているのです。

事例4　〝三方良し〟をめざす「大家さん学びの会」

「大家さん学びの会」という、不動産賃貸業を営む人や、将来的に大家さんを目指している人、また関連する業界や士業の方々によるコミュニティがあります。500名以上の会員と、5000名以上の無料メルマガ登録者がいる、日本最大級の大家さんのコミュニティです。東京のほか、北海道、岩手、名古屋、大阪、福岡、大分と6カ所に支部があり、全国規模で活動しています（2024年現在）。

物件のオーナーである大家さんは賃貸経営の知識はありますが、他の分野については素人です。関連するいろいろな分野の人たちの協力がないと不動産賃貸業は成り立ちません。そこで「大家さん学びの会」は、近江商人の心得として有名な〝三方良し〟（売り手良し、買い手良し、世間良し）の理念を軸にして、2004年に発足しました。

しかし、スタートして何年かは運営があまりうまくいかなかったようで、私のスクールに来られたのです。そこでサブスクを取り入れてビジネスモデルを構築し直し、現在のような体制になったのです。

入会金は1万1000円で、毎月の会費は5500円という料金体系になっています。

会員になると、「メンバー価格で定例勉強会、セミナー、合宿等に参加できる」「セミナー音声または動画の視聴（年間40本以上）」「オンラインサロン（掲示板）」「個別相談（Ｚｏｏｍ）」など、数々の特典を活用することができるのです。

このコミュニティの最大の特徴は、

「メンバー全員が、先生であり生徒である」

という意識が共有されているところにあると思います。

入ったばかりの初心者であれば、質問することでコミュニティが活性化します。そして、得するノウハウを学んでサヨナラするのではなく、自分が何かを得たら必ずアウトプットして後から続く人に伝えていく。そうした相互援助の精神が脈打っている点が、他の大家さんコミュニティと一線を画すところです。

〝三方良し〟の理念から生まれたコミュニティですから、大家さん自身の幸せだけでなく、入居者さんの幸せも考える賃貸経営を目指しています。入居者が幸せな状態で住んでくれるからこそ、自分たちも継続して家賃収入を得られて幸せになる。そうした考え方は非常に社会貢献的でＳＤＧｓの精神とも親和性が高いのです。

一昔前なら、「入居者の幸せを考える大家さん」という話をしても「そんな理想論を語っても、お金を儲けないとダメでしょう」と呆れられていたかもしれません。

けれども時代は変わり、一人ひとりが自由な生き方ができる社会になりつつあります。そして、誰かが理想を語れば、それに賛同する人がネットを通じて日本中、世界中からつながってくれる時代なのです。また、それを実現するのがサブスクモデルでもあります。

賃貸経営を通じて、家庭や地域、そして日本全体を幸せにすることに貢献したいという「大家さん学びの会」は、まさにSDGs的な目標設定が成功を呼んだサブスクモデルの象徴的な例といえるでしょう。

事例5　UFOが大好きでたった一人から始めたサブスク

最後は少々変わり種なのですが、「UFO研究」のサブスクモデルを立ち上げたDさんの例をご紹介しましょう。

Dさんの本業はIT系企業の経営者ですが、UFO（未確認飛行物体）やUMA（未確認生物）などが大好きで、これらの話題になると真剣に何時間でも語ってくれるのです。

私と初めてお会いした時も、

「仲村さん、来年には絶対、NASA（アメリカ航空宇宙局）が、UMAの存在を公式に認めるようになりますよ！」

と断言していました。すると本当にその翌年、「ＮＡＳＡが地球外生命の存在を否定できないと認めた」というニュースがあり、私は驚いてＤさんにお電話したことを覚えています。

しかし、Ｄさんの周囲にはその趣向を理解してくれる人はなかなか現れず、ＵＦＯの話を熱心にすればするほど、

「何をいっているんだ？　この人ちょっとおかしいんじゃないか？」

と否定的な反応ばかりされてしまうのです。

あげくの果てには、一番身近な家族からも、

「経営者としてちゃんと仕事をしているのだから、ＵＦＯの話とかを周囲にするのは恥ずかしいからやめてちょうだい」

と言われてしまったのです。

それでも情熱を失わなかったＤさんは、本名とは別のビジネスネームで、ＵＦＯ愛好者のためのコミュニティを立ち上げたのでした。

Ｄさんは「僕はＵＦＯが大好きだ！」と思う存分に話せる場所を、自分でつくってしまったのです。そうして自分で発信し始めたら、Ｄさんと同じようにＵＦＯが好きで、でも周

囲の理解を得られず悩んでいた人たちが、「ここが自分たちの居場所だ」と、次々と集まってきたのでした。

世の中には多種多様な趣味や趣向が存在しますが、従来は物理的に出会える範囲の人たちとしか話ができませんでした。その範囲に同じ趣向の人がいなければ、独りぼっちになってしまっていました。

いまは多様性の時代です。そしてネットで世界中の人とつながることができますので、たとえ世間一般からは「ちょっと変わっている」と思われたとしても、いざ発信してみたら必ず共感してくれる人はいるのです。物理的に近しい距離の人たち10人から反対されたとしても、世界に向けて発信すれば100人や200人の仲間はすぐに見つかります。

そして、サブスクモデルを使えば、仲間とのコミュニティを継続させることも可能です。Dさんがつくった UFO 愛好者のつながりは、多様性の時代ならではのコミュニティに思えてなりません。

以上、生徒さんから5つの事例をご紹介しました。

婚活、美容室、スピリチュアル、不動産賃貸経営、そして UFO と、バラエティに富んだ実践例は、サブスクモデルがあらゆる分野に応用可能な柔軟性を持つことを示しています。

そして、個人起業家の思いから生まれたビジネスを、持続可能にしているのもサブスクモデルなのです。その有効性は、先輩起業家の皆さんが証明してくれています。

ぜひ皆さんも、サブスクモデルを存分に活用して、自分自身の「生きがい（ikigai）」を実現し、社会に価値を提供し続けるビジネスを創り出してください！

第5章

パートナーシップが成否を左右する

持続可能なサブスクにはパートナーシップが必要

サブスクモデルは、たった一人からでも持続可能なビジネスをスタートできるのが魅力です。

しかし、ビジネスが成長し、コミュニティの規模が大きくなってくると、あなた一人ですべての実務を賄うことは物理的に難しくなってきます。そうなると、誰か信頼できるビジネスパートナーを見つけて、その人と一緒にサブスクモデルを運営し、継続的に発展させる方向性を探るのが現実的です。

サブスクは、人と人とがつながり合うモデルです。ビジネスが成長していくにしたがって、共感する人もあなたの周囲にどんどん増えてくるということでもあります。

「このサブスクモデル、誰か一緒にやってくれる人いないかな？」

あなたがそう思ったタイミングには、まわりを見渡せば「手伝いたい」と思ってくれる人も出てくることでしょう。

あなたのサブスクを持続可能なものにするためには、将来的にはビジネスパートナーと組むことを積極的に考えていくべきです。しかし、「やりたい」と言ってくれる人なら、誰でもビジネスパートナーに選んでいいわけではありません。パートナーシップの組み方は、ビジネスの成否を左右します。

そこで、この章ではパートナーシップを組む意義や、その際に注意すべきことなどについてご説明していきましょう。

サブスクモデルをある程度続けていると、そこには一定数の会員さんがいるということですから、その時点ですでにあなたは一人ではありません。周りにはいろいろな人が集まってきているはずです。

そこからサブスクのコミュニティをさらに広げていくには、あなたの思いを浸透させていく必要があります。その際に、一人だけで発信するよりも、あなたの思いに共感してくれる仲間と一緒に発信できると、思いが浸透するスピードは格段にアップします。

まずはコミュニティ内に、あなたと同じ思いに立ってくれる仲間を募るところから始めましょう。

そこから、実際にビジネスを一緒にやっていくビジネスパートナーを探していくことになります。早い段階でビジネスパートナーを見つけることができれば、コミュニティの拡大は加速していくはずです。

「自分は一人でやっていくから、ビジネスパートナーは必要ない」

それも一つの考え方です。

しかし、ビジネスは順調なときばかりではありません。辛いことに直面した時、一人でやっているとその波を100%自分で受け止めなければならないのです。

コミュニティ内に共感してくれる仲間がいたとしても、あくまでも定額をお支払いいただくお客様である以上、ビジネス上のシビアな話題などはオープンにできないのが当たり前です。

そこでビジネスパートナーとして一緒にやっていく人がいれば、辛いことがあっても2人なら50%ずつ分け合うことができます。また何か新しいことをやろうとした時には、お互いに100%ずつの力を出し合えば200%の作用をもたらすでしょう。

マイナスの負担を減らし、プラスの力を倍増させるのが、ビジネスパートナーがいる価値なのです。

そして、成功した暁には一緒に万歳して、ハグして喜び合える。大人になってからビジネスでそんな深い関係を結べる人はなかなかいませんよね。

サブスクは個人起業家の思いからスタートして、なおかつコミュニティが継続していきます。一般的なビジネスよりも人と人とがつながり合うモデルであるため、信頼できるビジネスパートナーに巡り合える可能性も高いのです。

何をやるかより、誰とやるか

まえがきでも触れた通り、私は2007年よりファイナンシャルプランナーの青柳仁子さんとビジネスパートナーを組んで起業し、現在に至っています。

私と青柳さんが初めて出会ったのは、現在の会社を一緒に起業する前年のことでした。当時、私は知人の連帯保証人になって抱えた数千万円の負債を返し終え、肩の荷がおりてホッとしていたところでした。

「落ち着いたら、将来もう一度起業しようと思っている」

そんな話をいろいろな人にしていたところ、後輩から「仲村さんに紹介したい、いい人がいますよ」と声をかけられて、3人で新宿駅前の喫茶店で会う約束をしたのです。

8月の終わりの暑い日、昼下がりの新宿アルタ前で待ち合わせました。ところが、私たちを引き合わせてくれるはずの後輩が突然、来られなくなってしまったのです。私と青柳さんはお互いの顔を知りません。

さあ困りました。

新宿アルタ前は有名なスポットですから、周囲には待ち合わせ中と思しき人がたくさんいます。その中に青柳さんもいるはずですが、誰だかわかりません。

後輩から聞いていた青柳さんの事前情報は、

「ガーリーで髪の毛クルクルなのに、ジャケットの袖をまくって、肩で風を切って歩く、超できる女性ってイメージ」

ということだけでした。

そんなアバウトな情報を思い出しながらもう一度あたりを見回すと、まさに聞いていたイメージにピッタリな女性が目にとまったのです。

——あの人だ、間違いない。

そう確信したものの、人見知りの私は声をかける踏ん切りがなかなかつきません。ちょうど、待っている間に飲んでいた缶コーヒーを手に持っていたので、

「よし。このコーヒーを飲み終わって缶を捨ててから、あの人に声をかけよう」

そう思ってコーヒーを飲み干し、缶を捨てに行こうと歩き出した時でした。

「仲村さん！　仲村さんですよね？」

背後からそう呼びとめられて振り返ると、やっぱり、私が「あの人だ」と思った、ガーリーで髪の毛クルクルの人がそこに立っていました。

「あ、やっぱり。私も『青柳さんじゃないかな〜』と思ってたんですよ」

「仲村さんが歩き出したから、『帰っちゃう』と思って、慌てて声をかけたんです」

そんなこんなで、なんとかファーストコンタクトに成功した私と青柳さんは、ふたりで近くの喫茶店に入ったのでした。


当時、青柳さんはお一人で起業の準備をされていました。

「どんな会社を考えているんですか？」

と私が尋ねると、青柳さんはこのように答えられたのです。

「今度立ち上げようとしている会社では、社会貢献をしようと思っているんです。子どもたちや、困っている人たちを救えるように、会社を立ち上げてお金を貯めて、チャリティ活動とかボランティア活動をできるようにしていきたい。そのためにも、女性にお金の知識を教えていく事業を中心にやっていきたいのです」

その言葉を聞き、私は胸を打たれました。

私も小さい頃から、駅前で募金をしている人を見かけるとポケットにある小銭を全部入れてきてしまうタイプでした。

　大人になってから仕事をするようになってからも、「子どもたちのために何かをしてあげたい」「日本の未来のために貢献したい」という思いを事あるごとに誰かに話していたのですが、ほとんどの場合は馬鹿にされてきたのです。

「こんな理想を話しても、誰もわかってくれないのかな……」

　そう思いかけていた矢先でした。

　青柳さんは私と同じ思いを、恥ずかしがることもなく堂々と、初対面の私に話してくれたのです。

　感動した私は、即座にこう答えていました。

「青柳さんのビジョンにはものすごく共感します。一緒にそれをやりたい！」

「じゃあ、仲村さん、一緒にやりますか？」

　こうして私と青柳さんは、出会ったその日にビジネスパートナーとして組むことを決め、それから現在に至るまで一緒に仕事をし続けているのです。

　起業してすぐにリーマン・ショックの大波をかぶって極貧の日々を送ったことも、まえがきで触れた通りです。そのような経験も、青柳さんというビジネスパートナーと苦しさを分け合うことで乗り越えることができました。お金がなければ、私が節約料理をして月

１万円で２人分の食費を賄い、そして青柳さんが外でお客さんと会って仕事をとってくる。どんなに大変でも、絶対にあきらめない。そんな思いでした。

そして今日まで来ることができたのも、目指したい未来のビジョンや理念が青柳さんと一緒だったからだと思うのです。

私はサブスクモデルの運営や仕組みづくり、青柳さんには女性向けにお金の知識を伝えるという、それぞれの強みがあったことは確かです。しかし、他にも同じような力を持っている人はたくさんいるはずで、それだけでは早晩、行き詰まってしまったでしょう。

「なぜそのビジネスをやるのか」という思いを共有できるビジネスパートナーがいたからこそ、継続してやってくることができたのです。

「何をやるか」だけではビジネスは成功しません。

「誰とやるか」、そして「なぜやるか」を突き詰めて考えることが、ビジネスを持続可能なものにするためには必要不可欠なのです。

何をやるかより、なぜやるか

起業をする際に、多くの人は「何をやりたいか」「どんなビジネスをするのか」から考えると思います。

しかし、持続可能なビジネスをしていきたいのであれば、「何をやりたいか」だけでは不十分なのです。

「あれもやりたい、これもやりたい」と、起業のアイデアを練っている時は楽しいものです。しかし、いざビジネスをスタートしてみれば、楽しいことばかりではありません。むしろ苦しいことや、お金を巡るきれいごとではない問題で頭を悩ませる時間のほうが多いはずです。

そのときに、「楽しそうだから」「お金が儲かりそうだから」といった表面的な理由で始めたビジネスであれば、簡単に心が折れてしまい、長く続けていけないでしょう。

自分自身の人生における「生きがい（ikigai）」に直結していないと、ビジネスも継続できません。これは本書で力を入れて訴えてきたことであり、だからこそ「何をやるかより、なぜやるか」が大事なのです。

ビジネスにおいて誰かとパートナーシップを組む際にも、「何をやるかより、なぜやるか」の観点で考える必要があります。仮にそのときビジネスがうまく回っていたとしても、一緒にやっている人とのパートナーシップに問題があれば、継続的に成功を収めることはできませんし、幸せな社会起業家ともいえません。

「誰とやるのか」を考えるうえで、「なぜやるか」という最終目標が共通しているかどうかは、極めて重要です。私も起業して以来、紆余曲折、様々な困難がありましたが、青柳さんとは「なぜやるか」という目標が共通していて、目指すゴールが一緒だったからこそ、仲違いせずに協力してやってくることができました。

ビジネスは環境に応じて変化していくものです。「何をやりたいか」だけが一緒な人とパートナーを組んでも、「やりたいこと」をいつまでも続けられるとは限りません。マーケットの状況に応じては、ビジネスの形態を変える時もあるでしょう。

そのため、「やりたいこと」が同じ人とは仲間にはなれますが、それだけではパートナーにはなれません。

「なぜやるか」が同じ人とは、仮に「やりたいこと」が違ったり、あるいは途中でビジネスの形態が変化したとしても、長期的なパートナーになれるのです。

「この人とだったらその目的地までたどり着ける」

そう思える人とパートナーシップを組むことを考えるとより発展していくことでしょう。

自分が呼び寄せる人が自分の鏡

私自身が青柳仁子さんという最高のビジネスパートナーと一緒に活動しているからでしょう。

「自分に合ったビジネスパートナーはどうやって見つければよいのですか？」

という質問をよく受けます。

これは本当に難しい問題で、縁やタイミングもありますから、一概にこうするのが正解とは申し上げられません。

一番に考えるべきは「目標が同じであること」です。どれほど能力が高かろうが、あるいは仲良しであったとしても、目標が同じでなければビジネスパートナーとしては長く続きません。

ここでいう「目標」とは、売上や会員数といった表層的なものではなく、本書でも繰り返し触れてきた「生きがい（ikigai）」に直結する大きな目標のことを指します。高い意識の目標があり、それを一生かけて達成していこうとする思いを共有できることが、ビジネスパートナーの条件といえるでしょう。

そんな人にどうやって巡り合うのか？

一つの方法として、

「出会う人すべてに、自分の思いを話し続ける」

ということがあります。

青柳さんは私と出会う何年も前から、

「子どもたちや、困っている人たちを救う社会貢献をしたい。そのためにも、女性にお金の知識を教えていく事業をやりたい」

という思いを、出会う人、出会う人に話し続けていました。

私も同じように、

「子どもたちのために何かをしてあげたい。日本の未来のために貢献したい。そのために将来はもう一度起業したい」

ということをあらゆる人に話し続けてきました。

それを聞いていた共通の知人である後輩が、私たちを引き合わせてくれたのです。

私や青柳さんが自分の思いを口に出していなければ、この出会いもなかったでしょう。

自分の思いを口にしても、ほとんどの場合は理解されず、むしろ馬鹿にされることがほとんどです。あるいは、「そんな理想を語っても現実は厳しいから、無理しないほうがいいよ」と、心配するふりをして夢をあきらめさせようとする「ドリームキラー」になる人もいます。

それでも、言い続けることが大事です。言い続けることで、いつか共感してくれる人に出会えます。

ですから、達成したい目標があれば、それを言葉にして表すことです。物理的に出会える人には理解してもらえなくても、ネットを通じて発信すれば世界中の人々に届けることができますから、共感してくれる人も必ず表れるはずです。

自分の発した言葉は、良くも悪くも自分に跳ね返ってきます。愚痴や文句ばかり言っている人は、愚痴や文句を言う人が周りに集まってきてしまいます。

だとしたならば、どうせ自分に返ってくるのであれば、ポジティブな将来の目標や自分の思いを言葉に出し続けて、それに賛同してくれる人が周りに出てくるのを楽しみに待ってみてはどうでしょうか。

私と青柳さんが長期にわたって良好なパートナーシップを維持している理由は、「なぜやるか」の思いが一緒だということにつきます。

逆にいえば、それ以外では共通点を見つけるのが難しいほど、性格も考え方も生活習慣も真逆です。私はどちらかというと興味関心ごとがあるとすぐに行動するタイプで、趣味に没頭するのが好きな人間です（笑）。

一方、青柳さんはタイムスケジュール通りにきっちり動くタイプで、プライベートでも「朝起きたらこの時間はヨガをする」などと計画を立ててその通りに生活をしています。

仕事のやり方や考え方も真逆なので、何かをやろうとして話し合うと、必ず意見がぶつかり合います。そのため「なぜそれをやりたいのか」「なぜ反対なのか」について、時間をかけて議論をしなければいけません。

こうした議論もビジネスにおいて大事なプロセスになっています。私たちは起業当初より、「二人とも『よし』と納得したことを実践していく」ということをルールにしており、どちらか一人だけの意見で走り始めることはしません。

どんなビジネスでも、社長が「これはいい」と思って突き進んでみたけれど、うまくいかずに失敗するケースがあると思います。私たちの場合は、私がよいと思ってもいったん青柳さんがブレーキをかけますので、そこで説得できるだけの材料を示さなければスタートしません。逆もまた然りです。パートナー同士、アクセルとブレーキの関係がうまく機能していることも、継続的な成功につながっていると確信しています。

どれだけ意見が対立したとしても、「なぜやるか」という思い——私たちの場合でいえば、「お金の知識を普及させ、未来に豊かな日本を残すことで社会貢献する」という点でぶれていないので、パートナーシップも崩れることがないのです。

健康的パートナーシップを組める人の見分け方

最後に、健康的なパートナーシップを組める人の見分け方について、具体的に5つのポイントから説明しておきましょう。

①ネガティブな会話や反応をしない人

会話をしていて一定の時間が経つと、「あの人こうだよね」「こんなうわさがあるよね」などと、他人に対する陰口やネガティブな話題で場をつなごうとする人がいます。こういう人と組むと、いずれは自分も誰かにそうやって陰口を言われる対象になってしまうので、絶対にやめたほうがいいでしょう。

実際、ビジネスパートナーを組んで仕事をしている相手のことを、陰で悪口を言っている起業家もいるということも聞いています。お互いに相手がいないところで自分だけを良く見せようと相手の評判を下げるような発言をしているとしたら、そういう会社は、ビジネスがうまくいくはずがありません。他人を評価するにしても、何らかのポジティブな話ができる人がいいですよね。

あるいは仕事上の提案に対しても、まず否定から入るのではなく、ポジティブにやろうとする観点から意見を言える人なのかどうかは、一緒にやっていくうえで大事な点です。

②パワーバランスが違っても対等でいられる人

例えば、あなたがいま売上1００万円しかないとしましょう。一方で、ビジネスパートナーは売上1億円の数字を出しているとします。すると、明らかにパワーバランスが違うと感じるかもしれません。ここで目に見えない圧力が発生してしまうと、パートナーシップは対等でなくなり、うまくいかなくなります。

ビジネスの売上は乱高下するものです。仮に目に見えてパワーバランスが違う状態になったとしても、それでも「なぜやるか」の目標を共有していけるのかを、しっかりとシミュレーションしてみてください。仮に自分のほうが、売上金額が低いからといって卑屈になったり、言いたいことを言えないような関係になるのであれば、そのパートナーシップは考え直したほうがいいのです。

③自分の負担が大きくても苦にならない人

私は誰かと仕事を一緒にやろうとする時、「自分の負担が増えたり、自分がより多く作業することになったとしても、その人と組みたい」と思える人と組むようにしてきました。

人間は弱い生き物ですから、たいていの場合「私のほうが忙しい」「私のほうが多く仕事をしている」などと、不満が出てきてしまうのです。

最初から「自分のほうが負担が大きくても平気」と思える人と組んでおけば、後から不満が出る心配もありません。

私も青柳さんと起業した翌年にリーマン・ショックに見舞われ極貧生活を送りました。その頃は、できる仕事は何でも受けて1円でも収入を上げて、利益率が高い青柳さんのビジネスにつぎ込んでいました。

いわば完全に裏方に回り、表舞台は青柳さんにお任せしたわけですが、そんな状態でもまったく不満はありませんでした。「お互いができることでベストを尽くせばいい」と思っていました。

「この人のためだったら、多少の苦労は乗り越えられる！」

そう思える人とパートナーシップを組むようにしましょう。

逆に、パートナーシップを組むことによって「自分が楽をしよう」「自分が目立とう」と思うのは誤りです。また、そう思っている節が見受けられる相手であれば、パートナーになるのは避けたほうが賢明です。

④「ありがとう」が言える人

その人の人間性を表すわかりやすいサインとして、「『ありがとう』がきちんと言える人かどうか」があります。

打ち合わせなどで時間をとってくれた相手には、「今日はありがとうございます」と自然に言える人です。それはビジネスパートナーのあなたに対してもそうですし、取引先に対してもそうです。

あるいはプライベートで訪れた飲食店の店員さん、タクシーの運転手さんなどといった人たちへも、自然に「ありがとう」が言える人なのか、それとも「上から目線」の振る舞いをする人なのか、よく観察してください。

こちらが「ありがとうございます」と伝えてから、思い出したように「あ、どうもどうも」などと表面上の御礼を返してくる人も、あまりおすすめはできません。

他人への感謝の気持ちがない人とは、継続的によい関係を築くのは難しいです。感謝の気持ちがない人は、仮に一緒に何かを達成できたとしても、「自分の力だけでやった」と傲慢になってしまい、さらに厄介な存在になります。

ましてや、社会貢献をしようとするサブスクモデルをやっていくうえで、他者への感謝の気持ちがなければ、会員さんもついてきてくれないでしょう。

そして、あなた自身も、常に周囲に「ありがとう」と伝えられる人であってほしいと思います。それが、感謝の気持ちを持てる人を周囲に呼び寄せる一番の近道だからです。

⑤「割り勘」ができる人

青柳さんと新宿の喫茶店で初めて会った時、お会計の際に1円単位で割り勘をしたことが今でも強烈な印象として残っています。

「お金のことは大事だからちゃんとしないと」

などと言って、1円玉まで渡してくる振る舞いに、「お金のことをきっちり考える人なのだな」と感動したのです。

割り勘をいちいち申し出るのは、人によっては鬱陶しがられる時もあります。

しかしビジネスをするうえで、お金はもっとも大事なものの1つです。お金に対する感覚がルーズな人と組むと、いくら思いが共有できたとしても、後であなたが苦労する羽目になります。売上や利益の数字をしっかり管理できる人なのかどうかは、日常生活のちょっとした瞬間に表れるものなのです。

お金に対する価値観がきちんとしていて、それが共通している人をビジネスパートナーとして選ぶべきです。支払いの際の振る舞いを見ると、その人のお金に対する感覚がよくわかるのです。

いま述べてきた5つのポイントは、ビジネスパートナーを選ぶ際にはもちろん、プライベートで会う人や、あるいは取引先など、あらゆる人間関係において共通する大事な観点だと思います。

サブスクは、長期的な人間関係を築くことで持続可能になるビジネスモデルです。そのため、「人間を観る目」を養っていくことは、サブスクの成功にも不可欠なのです。

あとがきにかえて――波瀾万丈の末にたどりついた未来創生ビジネス

私は、自らの人生をもってサブスクの有効性を実感してきました。

今でこそ「会員制ビジネスコンサルタント」という大層な肩書で、多くの人にサブスクの魅力や実践方法を伝えることを「生きがい（ikigai）」にしている私ですが、ここに至るまでは波瀾万丈の道のりでした。

ここでは「あとがき」の場をかりて、私にとって起業とはどういうものなのか、そして現在のビジネスモデルにたどり着くまでの道のりを紹介させてください。

意外に思われるかもしれませんが、私が社会に出て初めて就いた仕事は、「料理人」です。今から20年以上前のことですから、女性が飲食店の厨房に入って料理をする姿はまだ珍しかったと思います。

さらにそこから紆余曲折を経て、現在はビジネスコンサルタントをしているわけです。「料理人出身のビジネスコンサルタント」なんて、なかなかいない存在ですよね。皆さん、私に会ったら「レアポケモンを見つけてラッキー！」ぐらいに思ってください（笑）。

さて、私が料理の仕事に就いたのは、母親の影響がありました。

私は6人きょうだいの5番目として生まれましたが、小学1年生のときに父親が他界。以来、母は女手ひとつで6人の子どもを育て上げてくれました。

一日中働いて、疲れて帰ってきた母に、私が料理を作ってあげたときのことです。

「寿子が作ってくれた料理が、世界でいちばんおいしい」

そう、母が言ってくれたのです。

何をやっても周囲から悪意しか返ってこなかった私にとって、愛情が戻ってくるという初めての体験でした。

「食べ物を作って、誰かに食べてもらうことは、人を幸せにできるんだ」

そんな喜びから、「料理って素敵だな」と思うようになったのです。

父のいない家庭を、母はずっと一人で支え続けていました。兄や姉は自分でバイトしたり奨学金をもらったりして進学していましたが、私はそもそも学校が好きではなく、むしろ早く抜け出したいという気持ちのほうが強かったのです。

それならば、「好きな料理の道で仕事をすれば、お母さんに楽をさせてあげられる」と、中学卒業後、料理の世界で仕事をすることに決めたのです。

母に料理を褒められた時の思い出は、違う道に進んだ今でも、私にとって「頑張る力」

の源になっています。

「料理で人を幸せにしたい」と思って飛び込んだ世界。

しかし料理人の仕事は、たいへん厳しく、壮絶なものでした。

常に身体のどこかをケガさせられながら、1日15時間以上も働かされる毎日。

現代なら即、パワハラ・モラハラ・セクハラなどで大問題になるような体験もたくさんしました。しかし当時は社会全体にそうした権利意識が広がっていませんでした。まして、料理人のような伝統的な業界では「修業時代は厳しくても当たり前」という風潮が根強かったのです。

「もう辞めてしまおうか……。でも、自分で決めた道をあきらめてしまったら、私は一生、自分に自信を持てなくなってしまう」

そう思って、くじけそうになる心を必死に奮い立たせる日々でした。

どうしたら周囲から認めてもらえるのか？

必死に考え抜いた末に、ある結論に達しました。

誰よりも早く、誰よりも美しく、誰よりも丁寧に仕事をすれば、文句のつけようがないはずだ。そのためには、仕事の二歩三歩先を読んで、効率よく進めるための段取りと仕組みを作り上げるしかない――。

そう決めて、これまで踏襲されてきた仕事のやり方を一つひとつ細かく見直し、改善していったのです。

調理道具や食器の置き場所から、食材の切り方まで、それまでの常識にこだわることなく、より短時間で手間がかからずに同じ効果が得られる方法を工夫したりもしました。

余計なことをしたらまた怒られるかも……という不安もありました。ですが、効率よい仕組みをつくれば私だけでなく同僚みんなが助かるはずです。そう考え、まずは一人で改善を推し進めていくと、いつしか周囲からも「なんでそんなに早く仕事が終わるの？」と、一目置かれるようになっていったのです。

その際に心がけたのは、「なぜこう変えるのか？」を必ず同僚たちに説明するようにしたことです。

そうやって職場環境をどんどん改善していき、それに伴って味方も増えてきました。自分の仕事が効率よく進むことは、誰にとってもうれしいですからね。

結局、料理人としては約6年間働き、段取りと仕組みによる徹底した効率化によって認められ、最終的には100人規模の店舗をとりまとめる立場に昇りつめることになりました。

段取りと仕組みによって突き抜けたこのときの体験は、ビジネスコンサルタントに転身した今になっても、私の大きな財産になっています。

しかし「一難去ってまた一難」とはよくいったものです。

壮絶に厳しかった料理人の仕事を、なんとか自分のなかでやり切って、新しく別の仕事をしてみようかと思っていた時のこと。

知人の連帯保証人になったことで、数千万円の借金を背負ってしまったのです。

二十代前半の私にとって、それは途方もない金額でした。

けれども、修業時代の経験を経て、私には「人生、越えられない壁はない」という確信がありました。目の前に試練がきたら、「やってやろう！」と思えるようになっていたのです。

借金を返すために、店舗経営などをはじめ、いくつかのビジネスを自分で立ち上げ、無我夢中で働きました。そのなかの一つに、いま私の軸になっている会員制ビジネス、つまりサブスクモデルを扱う会社があったのです。

もともと料理人として働いていた時期から、会員制ビジネスの世界を垣間見る機会はありました。高級料亭では、会員になって月額を払うと、入口からして一般客とは違うところから入店し、会員専用の個室を使い、対応するお運びさんも違う。そんなサービスが存在していました。

バブル期までは、すごく高いお金を出して高級なサービスを受けるのが当たり前でしたが、2000年代当時はもはやそんな時代ではありません。いい商品やサービスが高く売れるのではなく、いい商品やサービスが「安く」手に入る仕組みこそが時代にマッチしていると考えました。

そこで、安い金額でもいいから毎月定額を支払ってもらい、その対価として本来なら高額なサービスを受けられる仕組みを、店舗型ビジネスなどに向けて提供したのです。

このビジネスが当たり、数千万円の借金をわずか3年で完済することができました。

こうして始めた会員制のビジネスが、いまの私のサブスクモデルへとつながり、「生きがい（ikigai）」と直結したビジネスの土台になったのです。

＊

「サブスクで幸せな個人起業家になる」

このテーマでこれまで綴ってまいりましたが、本書を結ぶにあたり、「仕事」と「人生」の関係について思うところを述べておきます。

社会に出たばかりで何もわからず、板前として1日15時間以上も働いていた日々から、サブスクモデルによって社会に貢献しながら安定的にビジネスを展開している現在まで、私はずっと仕事をし続けてきました。

しかし、その仕事の内容や、人生における意味は大きく変化しています。

板前としてパワハラに必死で耐えたり、借金返済のためにガムシャラに働いていたりした若い頃、確かに成果は上がりましたが、私は仕事が嫌で嫌で仕方ありませんでした。たった一人の娘との時間も満足にとることができず、自分が人間なのかロボットなのかわからなくなるくらいでした。

人生の大部分の時間を費やす仕事が嫌いということは、自分自身の人生を好きになれないわけです。生きる喜びも、人生の価値も、感じることができませんでした。

今はどうでしょうか。

私自身の「生きがい（ikigai）」と直結したビジネスを、無理なく持続可能なサブスクモデルを使って運営しています。信頼できるビジネスパートナーと、私の思いに共感してくれるコミュニティのメンバーとともに、社会貢献をしながら豊かな収入を得ることができています。

仕事をすることが人生の幸せに直結する実感を得られているのが、何よりの喜びです。

こうした変化をもたらすことができたのも、自分の思いに正直に、起業するという決断をしたからだと思います。

自分の使命とは何なのか。社会に対してどういう役割を果たしていくのか。自分だけでなく周囲の人々も一緒に幸せに導いていける道はどこにあるのか――。

そんな思いを人々に伝え、社会の中で形にしていく手段として、起業があったのです。

起業には勇気がいります。

そして起業を決めたのが自分なら、実行するのも自分です。すべての責任が自分にかかってきます。

そう考えると躊躇する気持ちもあるかもしれません。

しかし、人生の夢や目標をつかみとるのも、自分なのです。自分自身の「生きがい(ikigai)」が何なのかを見極めたら、それを達成するのは自分なのだという、強い気持ちを持ってもらいたいと思います。

仕事に責任を持つということは、自分の人生に責任を持つということでもあります。その気持ちを持ってサブスクモデルを活用してもらえれば、もはや鬼に金棒です。人とつながり、社会貢献をしながら、ビジネスを通じて自分の人生を豊かに生きていくことができるでしょう。

ＳＤＧｓと多様性が尊重される現代です。世界を変えるビジネスも、たった一人の思いを持った人が理念を掲げるところから始まります。

最初に声を挙げる人がいれば、その声はネットを通じて世界中に広まり、共感する人が2人、3人、そして100人……と続いていくのです。

その最初の一人になるために必要なものは、あなたの思いだけです。たくさんのお金も、豪勢な設備も、何もいりません。いざ始めてしまえば、サブスクモデルを取り入れることによって、自分のペースで無理なく継続していけるのです。そして、長く続ければ続けるほど、お金も時間も自由になっていき、豊かな人生が手に入るのです。

第3章で紹介した「ikigai ワーク」をやってみていただければ実感できると思いますが、誰でも自分のなかに、他の人にはないあなただけの幸せの種が埋まっています。

あなたのなかにある小さな幸せの種に、水と栄養を与え、芽が出るまで育てていく。やがて花を咲かせ、目にする人たちを幸せな気持ちにさせていくのです。さらに、咲いた花は周りに種をまいて、やがてそこに新しい花を咲かせていくのです。

あなたが最初の一人となって思いを掲げ、きれいな花を咲かせれば、それを目にした人々は幸せになります。思いに共感してくれた人は、あなたから種を受け取って、周りに花を咲かせてくれるでしょう。サブスクモデルを通じて、幸せの連鎖は、サスティナブルに未来へとつながっていくのです。

自分が後悔しない選択をすることで、今この場所から、幸せな未来を手にする一歩を踏み出してみませんか。

私はあなたの、幸せな起業ライフを応援しています。

「Let’s sow the seeds of happiness」

仲村寿子（なかむら ひさこ）

会員制ビジネスコンサルタント
会員制ビジネス構築講座主催
Hito.co 株式会社　取締役
Kotobuki-creations.Inc　COO　最高運営責任者

サブスクモデルを活用して個人の起業を支援する、会員制・サブスクビジネス構築の第一人者。

2007 年、現在のビジネスパートナー・青柳仁子と、Hito.co（株）を設立。その後すぐにリーマンショックの煽りを受けて極貧の起業家時代を過ごす。仲間にも支えられ、飲食店を複数経営しながら、20 年の飲食関連業のノウハウを生かして企業コンサルタントを展開。実体験で培った効率的な働き方、お金を生む仕組みなどについての情報発信を続け、独立開業のサポートにも携わる。オンラインの急激な普及の中でウェブ時代の到来を感じ、猛勉強してウェブコンサルタントに。ウェブを中心にビジネスを展開、業績は V 字回復を遂げ、右肩上がりを続けながら、一気に年商 1 億越えを達成。これを実現した安定収益を生み出すサブスクモデルの講座を 2016 年末から主宰し、大きな関心を集める。受講生は 500 名を超え、会員制ビジネスコンサルタント®、コミュニティーコーチ®の育成にも注力。

私生活では、シングルマザーとして愛娘を社会人に育て上げた。

無理《むり》なく夢《ゆめ》をかなえる
サブスクというすごい仕組《しくみ》み

2024年1月25日　初版第1刷

著　者　仲村寿子《なかむらひさこ》
発行人　松崎義行
発　行　みらいパブリッシング
〒166-0003 東京都杉並区高円寺南4-26-12 福丸ビル6F
TEL 03-5913-8611　FAX 03-5913-8011
https://miraipub.jp　MAIL info@miraipub.jp
企画協力　Jディスカヴァー
編　集　水木康文
編集制作協力　青柳仁子
ブックデザイン　洪十六
発　売　星雲社（共同出版社・流通責任出版社）
〒112-0005 東京都文京区水道1-3-30
TEL 03-3868-3275　FAX 03-3868-6588
印刷・製本　株式会社上野印刷所

ISBN978-4-434-33365-1 C0034

より具体的に会員制・サブスクモデルの作り方を学びたい！
という方は、
著者主催のセミナーをお得に受講することができます。
以下の QR コードから詳細をチェックしてください。
※セミナー情報は随時更新しております。